学級経営サポートBOOKS

保護者をうならす

学級プロモーション大作戦

苦情が相談にかわる保護者対応の極意

河邊 昌之 著

明治図書

はじめに

なぜ教師が広報を学ぶのか

本書の目的は，学校現場において企業，自治体広報の効果的な技術，戦略を応用し，家庭とよりよい信頼関係を築けるようにしていくことにある。

各研究機関等のアンケートによれば，教師の7〜8割が保護者対応に悩んでいる。一方，保護者は学校に対して，年に数回しか足を運ぶ機会がないことから「学校での様子が分かりにくい」等の不安を抱くこともある。学校と家庭のすれ違いが起き，結果的にお互いが悩む場面が生まれている。

私自身も保護者とのコミュニケーションに悩んできた一人だ。

保護者との信頼関係を築くための学びを深めたく，大学院進学を考えたが，どこで，誰に，何を学べばよいのか分からなかった。様々な進学先について調べる中，多くの企業，自治体は，コミュニケーション戦略の重要性を認識し，広報の専門部署を設けていることを知った。企業，自治体は，HPや広報紙を使って多くの情報を社会へ発信し，株主や顧客，市民等とよりよい関係を構築することに力を注いでいた。

保護者との信頼関係構築の解決方法を模索する中で，企業，自治体の広報戦略が生かせるのではないかと考え，広報専門職の大学院へ進学した。そこで，多くの企業，自治体の広報戦略の実践例を学んだ。

その学びを実際に学級経営に応用したところ，驚くほどの効果を感じることができた。まず，児童から学校が楽しいという声が多くあがるようになった。さらに，保護者からも児童が楽しく学校に通っている等の肯定的な意見が増えた。保護者からの「苦情」が減り，「相談」が増えた。私も教師という職業に，よりやりがいを感じられるようになった。

児童の生活は，基本的に学校と家庭を中心に回っている。だからこそ，学校と家庭の連携が重要である。

保護者との信頼関係構築の解決方法は学校と家庭の連携であると簡単に言

うが，実際にどうすればうまく連携がとれるのか。ケースバイケースであり，学級担任任せの手探りの状況が続いている。

　何か起こってから保護者対応を考えるのではなく，何が起きても一緒に解決できる関係を築いておくことが求められている。児童の健やかな成長のためには，学校と家庭が力を合わせていくことが望ましい。

　団塊の世代が現場から退職される中，新しい世代が教師として多く採用されている。採用されれば，1年目，30年目に関係なく，担任として受け持った学級の児童を1年間育てていく。小学校において，登校後から家に帰るまで，教科指導に加えて，給食，掃除，通学路の歩き方，休み時間の過ごし方，友達との関わり方まで，指導内容は多岐にわたる。日々の指導や業務に追われ，保護者のことまで考える余裕がないという意見もあるかもしれないが，保護者との信頼関係の構築は学級経営において非常に重要だ。

　保護者との信頼関係が築けていれば，何か問題が起きても教師の後ろ盾となり力を貸してくれることもある。逆に，信頼関係が築けていないと，指導した教師への攻撃に繋がってしまう。

　何か起こってから保護者対応を考えるのではなく，何が起きても一緒に解決できる信頼関係を築いておくことが求められている。そのためには，学校や教師の考え・理念も理解してもらい，双方向のコミュニケーションが必要ではないかと考える。

　先手の広報戦略で保護者とよりよい信頼関係を築けるようにしていき，保護者からの「苦情」を減らし，「苦情」から「相談」へと変えていく。

　本書が学校現場におけるよりよい学級経営，保護者対応を一緒に考えていくきっかけとなれば幸いである。

河邊　昌之

CONTENTS

第2章

保護者との信頼関係を築く！実践的「広報」メソッド

第1章

保護者との信頼関係を築く！
「広報」と出会うまで
ストーリー

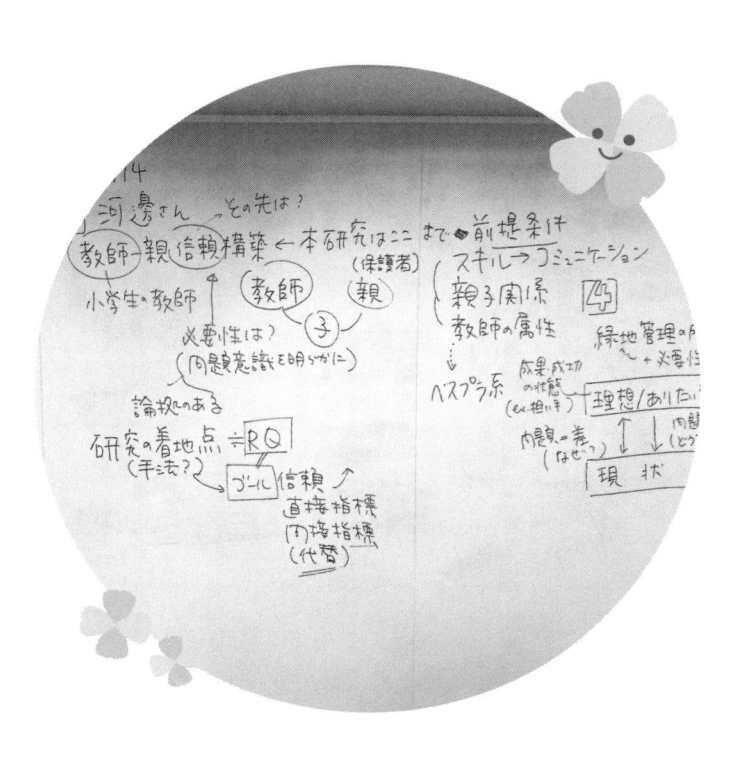

保護者対応への教師の悩み

多くの教師が悩んでいる

　齋藤（2010）は，東京大学大学院の学力問題に関する全国調査（2006）において，保護者の利己的な要求が深刻とする小学校教師の割合は77.8%としている。

　Benesse 教育研究開発センター（2007）が実施した教員勤務実態調査でも，保護者や地域住民の対応が増えたと回答する小学校教師の割合が74.9%と，上記の調査とほぼ同じ結果が出ている。

　本県の千葉県子どもと親のサポートセンター（2015）が，保護者対応についてアンケート調査を行っている。教職経験年数5〜6年390名の若年層の教師へのアンケート調査だ。「保護者への対応に，悩みや課題があるか」という項目に対して，86%と高い割合で若年層教師が保護者への対応に悩み，課題があると示している。

　先行研究やアンケート結果を見てみると7割から8割の教師が保護者対応で悩んでいることが分かった。

　しかし，保護者対応について，教員養成の大学ではほとんど学ぶ機会はない。学級を運営していく上で，重要な鍵を握る保護者対応について，学ぶ機会がないまま現場に出ていることが多い。

　何も学ばずに教壇に立っているために，保護者対応がしっかり行えていないのが実情だ。私は，最近小学校一種免許取得のための講習（免許法認定講習）を受講した。免許取得のために学んだことは，「各教科」や「教育相談理論と方法」「生徒・進路指導論」「教育の方法と技術」「健康相談活動」の授業であった。

教育相談の授業の中で，スクールカウンセラーとの連携により児童生徒，保護者の悩みを緩和することは学んだが，保護者対応については学べなかった。

　教師になってからの研修でもほぼ学ぶ機会はない。私は初任者研修（1年目）から中堅教諭資質向上研修（11年目）の間，数十回の公の研修を受講した。しかし，1回も保護者対応の研修はなかった。多くの教師が実際にあれだけ悩んでいると声をあげているのに，学ぶ場所が少なすぎる。

　教員養成の大学や教師になってからの初任者研修をはじめとした若年層の先生方の研修に，保護者対応について学ぶ時間を設けるべきであると考える。

　もちろん，日々の各教科の授業や教育法規，学習指導要領も重要ではあるが，保護者とのよりよい人間関係を築くという視点をもって児童の前に立つことも必要な時代である。

　保護者との関係について調査をした論文や本を見てみると，2005〜2008年の間が多かった。ちょうどその頃，メディアが「モンスターペアレント」という言葉を多く使い，社会現象のように扱っていた時代だ。2008年の夏には『モンスターペアレント』という題名のテレビドラマがフジテレビ系で放映されている。米倉涼子さんや佐々木蔵之介さんといった売れっ子の俳優さんが出演している。あれから10年以上が経っているが，保護者対応について学ぶ機会が増えていない状況がある。未だに，教師の経験と知恵に任されている。

　子ども同士の喧嘩や意地悪等，生徒指導関係も保護者が介入してくると，ややこしくなることが多い。内容によっては，学校と家庭の連携が必要な件も多くある。その際に，学校と家庭が子どもの成長を考え，同じ方向を向いて協力して問題を解決するのが理想の形である。

　だからこそ，保護者とのよりよい関係を普段からつくっていく必要がある。

保護者とのよりよい関係づくりのためのアンケート調査からの学び

9割を超える教師が悩んでいる

　私も今回，保護者とのよりよい関係づくりについて大学院で研究するにあたり，知り合いの教師や保護者へアンケート調査を行った。

教師102人に行ったアンケート調査

調査時期：平成30（2018）年4月から10月
調査対象：小学校教員（20代40人，30代43人，40代12人，50代7人）
調査方法：匿名で行い，その場で記入してもらい袋に入れて回収した。

　　　　　　　　　　　　＊以下，本書の中では「102人教師アンケート」とする。

　「保護者との人間関係／連携で，3年以内で悩んだり困ったりしたことはありますか。」を聞いた。

　「はい」と答えた教師は93／102人（91.2%）いた。9割以上の教師が保護者との人間関係／連携で，3年以内に悩んだり困ったりしたことがあった。

　私も保護者との人間関係で悩んだ経験がある。その時は気持ちが落ち着かず，憂鬱だったことを思い出す。なによりもその保護者の子どもとも人間関係が築けずに終わってしまった。もっとこうしておけばよかったと後悔している。今の教育技術や視点があればなんとかなったと思う。

　あの時は，分からなかった。何で自分の気持ちや指導が伝わらないのかが理解できなかった。そして，なによりも自分は悪くないと強く思っていた。伝わらない家庭が悪いという気持ちが強かった。

　今回のアンケート調査で9割を超える教師が悩んでいたが，少しでもこの数を世の中から減らしていきたい。

「指導観のずれ」に悩む

「保護者との人間関係／連携で，３年以内で悩んだり困ったりしたことはありますか。」の項目で「はい」と答えた93／102人（91.2%）の教師に，自由記述で具体的に何に悩んでいるのか聞いた。

一番多かったのは，「指導観のずれ」であった。半数以上の悩みや困り感が学校（教師）と家庭（保護者）のずれであることが分かった。

〈教師の意見〉
・登校渋りの児童の対応に保護者と担任の想いにずれがある。
・子供と親の考えにずれがあり，板挟みになった。
・子供の指導（教育）で目指している方向が違う。
・学力が低い。特別な支援を要する子などの状況を伝えたり対応を一緒に考えたりする時に困った。

学校（教師）と家庭（保護者）との考えのずれを少しでも埋める努力を学校から仕掛けていく必要がある。

しかし，どのようにずれを埋めるのか。価値観や考え方を全く同じにするのは難しい。そうではなく，お互いの距離感を近くしておく必要がある。

企業，自治体は利害関係者とのよりよい関係づくりにPR（Public Relations）活動を行う。この点に関して言うと小学校は力を入れていない。むしろ，公立小学校において「PR」なんて必要ない，聞いたことがないといった感じだ。「PR」の知識をもった教職員に今まで出会ったことがない。ほぼ全国的にもいないだろう。公立学校は私立の学校と違い，閉校や統合があっても完全に潰れることはない。

◆PR（Public Relations）とは？！

PR活動については，株式会社 電通パブリックリレーションズが「情報発信」「情報収集」「情報共有」「情報拡散」の４つに大きく分類している。

「指導観のずれ」は「情報共有」のところにエラーが出ている状態である。すなわち，情報を共有する前の「情報発信」と「情報収集」を見直す必要がある。

　指導観のずれが生まれる前にどれだけ布石を打っているかが大切となる。事後の対応ではなく，事前にどれだけ教師が保護者に情報を発信し，保護者から情報を収集し，お互いの関係を築いてから話し合いができるかが勝負の鍵となる。特に何かマイナスの問題が起きた時は，お互いに気持ちが高ぶり，正論も時としては武器になってしまう。いくら教師が一般的に正しい発言をしても，受け入れることが難しくなる保護者もいる。伝えたいことも話がねじれてしまい，平行線になることがある。

　しかし，事前によりよい関係が築けていれば，不満や不信感は緩和され，お互いの意見や考えを受け入れる態度が生まれる。

　また，学力が極端に低い児童や特別な支援を要する児童に対して，保護者に何かを伝える場合，慎重かつ信頼関係を得てから，少しずつ話を進めなくてはならない。私たちは医者ではないので，発達障害だと診断や決めつけることもできない。苦手なところがあることを伝え，そこからは保護者の判断で今後を決めていく。

　実際にあった話として，保護者との信頼関係がない状態で，担任が何もできないことを伝え，WISC 検査（知能検査）を受けるように促した。そして，特別支援学級への進学を勧めた。保護者はうちの子が障碍者扱いされたと悲しみ，その年は，WISC 検査を受けなかった。担任はその子のことを思い，なかなか言いにくいことを保護者に伝えたと，よいことをした気でいたのだ。しかし，保護者からすれば納得がいかずにお互い分かり合えぬまま１年が終わった。しかし，次の年にその保護者は WISC 検査を受けていた。担任が変わり，その担任が特別な配慮をしながら授業を進めていたのを保護者は見ていた。ある程度の関係ができてきた時に，保護者から検査を受けたいと話があった。

「連絡がとれない・伝わらない・受け入れられない」と悩む

　２番目に多かったのが「連絡がとれない・伝わらない・受け入れられない」であった。まず，児童と連絡がとれない場合は，直ちに児童相談所等の公の関係機関との連携を図る。保護者と連絡がとれない場合も，様子によっては関係機関との連携を図り，学校だけでなんとかしようとしてはならない。

〈教師の意見〉
・子供に関心がなく，中々連絡がとれない。
・保護者と連絡がとれない。
・ネグレクト気味な保護者はこちらから何もできない。
・社会の最低限の常識が伝わらない。
・子供同士のけんかに親が過剰に関わってきた。
・子供の嘘を信じ，クレームを言ってくる。
・我が子の態度を受け入れられない。
・加害児童の保護者が，受け入れる姿勢が全くない。
・学校でのトラブルを伝えすぎて，不信感を持たれた。

　電話や家庭訪問でも連絡がとりにくい保護者ではなく，学校の意見が伝わらなかったり，不満があり受け入れられなかったりする保護者も，先程の「指導観のずれ」と同じように情報共有にエラーが発生しているので，情報の発信と収集を見直す必要がある。

　今回の情報発信と情報収集は，「指導観のずれ」の時とは違い，どれだけ学校で事実を確認し，その事実に対して児童が納得して下校しているかが大切となる。子どもと教師の言っていることに食い違いがあると，保護者もどちらを信用してよいか分からなくなる。

　子どもを預かっている以上，学校で起きたことは学校に責任があるので，保護者に対しての伝え方も気を付けなくてはならない。

「信頼されていない」と悩む

約2割の教師が「信頼されていない」と答えた。

〈教師の意見〉
・授業の進路を細かくチェックしてくる。
・子供の日記に文句を書いてくる。
・市，県教育委員会に攻撃的な FAX を送られた。
・経験年数（初任者）のなさから自分のやり方を信頼してくれない。
・個人面談のとき，先生を信頼しなければよかったですと言われた。

　普段会わない保護者との信頼関係構築は常に考えていく必要がある。年間を通して会う機会が少ない保護者と，どこで信頼関係を構築していくのか。逆に言えば，いつどこで信頼を失い，不信感を持たれてしまったのか。
　そこで，「102人教師アンケート」で「保護者とのよりよい人間関係・連携を築くために心掛けていることはありますか。」と聞いた。
　保護者との信頼関係づくりの突破口が見えてくるのではないかと考え，どのように関係づくりを行っているのか調査を行った。
　結果は「はい」93／102人（91.2%），「いいえ」9／102人（8.8%）であった。ここで驚きなのが，「はい」が100%でなかったことである。教師にとっての利害関係者は誰なのか。その人々とよい関係を築くために自分ができることを考えた方が，自分自身を楽にするだろう。しかし，心掛けていることがないと答える教師も少なからずいることが分かった。
　「はい」と答えた教師に，自由記述で具体的に，保護者とのよりよい人間関係・連携を築くために心掛けていることを聞いた。
　大きく分けて2つのコミュニケーション手段があった。直接会う方法と直接会わずにとる方法だ。
　まずは，直接会ってコミュニケーションをとる方法は，挨拶や会った時に

できるだけ会話を自分からするといった意見であった。また，会話の内容は，子どもの成長をできるだけ報告するといったものだった。

　他には，授業参観で，大人でも面白い授業を用意するという意見もあった。授業参観で保護者を意識するのは当たり前だが，どう意識するかがポイントである。保護者も納得の面白い授業を展開する。これは，とても大切な広報活動だ。保護者が教師を評価する時代だ。たった数回の授業参観は鉄板の授業で勝負するべきである。これについては，第2章の実践編でもっと踏み込んだ話をする。

　会わずにコミュニケーションをとる方法は，大きく分けると4つ，「学級通信の発行」と「小まめな家庭への電話連絡」「年賀状等の手紙のやりとり」「子どもの学校での満足度を上げる」があった。

　少数意見として，「地域の行事（神社のお祭り）に参加する」「親の希望をよく聞き，なるべくそれに沿って指導をする」等があった。

　一日一日の積み重ねで信用と信頼が構築されていく。上記の「102人教師アンケート」からも色々と広報活動に繋がるヒントが見えてくる。

　特に上記で挙がった4つの全ての項目が広報の力を生かせるものだ。一例を挙げると，「学級通信」は，まさに広報の中の広報と言える。学級通信も，何をどのタイミングでお知らせるか。また，どうすれば一方通行の通信にならずに，双方向のコミュニケーションが生まれるか。ただ情報を伝えるだけでなく，よりよい関係を築くことができるのかといった視点で発行する必要がある。

　残念ながら，誰にでも信頼される魔法は存在しないし，これをやれば必ず100%うまくいくなんて方法もない。ただ，1人でも多くの保護者とのよりよい関係を築く方法は少なからず存在する。その方法を知っているのと知らないのとでは，教師人生を楽しく送れるか，送れないか，雲泥の差となることは明らかだ。

「理不尽な要求」に悩む

　まず最初に，「理不尽な要求」をできるだけ生まないようにするのが本書の目的であるが，どこの世界でも一定数，手の施しようのない「理不尽な要求」をしてくる人はいる。しかし，担任が変われば理不尽な要求がなくなる等，時と場合によって落ち着いて話ができるようになったり，分かり合えたりすることがある。

　「102人教師アンケート」を見ると，理不尽な要求の内容は大きく分けて「自己中心的な要求」と「保護者からの頻繁の連絡（関わり合いを強く求める）」「一線を越えたもはや刑事事件（犯罪）」の３つがあった。

　「自己中心的な要求」には，「PTA役員決め」や「席替え，班決め，係決め，クラス替えでの不満を言ってくる」「受験を理由に無理難題を要求してきた」等があった。これについては，学校側がチームとなり，ぶれずに一本筋を通して対応すれば解決できることが多い。管理職の先生方や学年主任，スクールカウンセラー等と連携をとりながら対応していく。

　しかし，本書で何度か触れるが，事後対応は時間と労力を使う。その割にはうまくいかない場合が多い。それよりも，事前対応でどこまで周知徹底できるか。また，納得のいく説明を事前に行い，不平不満を持たせないかが大切である。

　特に学級開きをしたばかりの４月は，学級の係だけでなく，委員会やクラブ（高学年）等決めることが多い。夏前に運動会を行う学校は，リレーの選手や応援団等，児童も保護者も自分の子どもが選ばれるか選ばれないかを楽しみにしているものを決めなくてはならない。

　実際に自分の周りで起きたこととして，手紙係になった児童が家に帰り，親に泣きついた。なりたい係になれなかったのだ。手紙係は，学校が配付する手紙を手紙BOXから取ってきたり教室内で配ったりする係だ。その日に保護者は担任に詰め寄り，校長室での対応となった。まず，学級に手紙係は

必要なのかということを保護者は聞いてきた。学級内で，みんなで決めたことを説明したが，その係の必要性について納得することはなかった。その児童は，親の前で泣けば，親がすぐに学校へ連絡をすることを知っている親子関係だ。毅然とした態度で校長が対応してくれたお陰で，それ以上の揉め事にはならなかった。

　また，リレーの選手を発表した後に，子どもの体調が悪かったからもう1回走らせてほしいという訴えがあった。もちろん「無理です」と伝えると，違う理由を並べ始め，その担任に攻撃的になるといった保護者もいた。

　児童が家に帰ってから泣きつき，不平・不満を伝え，それに応えようと学校へ連絡してくる保護者は少なからずいる。そうならないためにも，学校にいる時間の中で，児童にしっかり納得させておく必要がある。

　係で言えば，学期ごとに決め直すなど1年間を通してどのように係活動を運営していくのかを，児童と保護者に伝えておくことが大切である。

　リレーの選手決めも同じである。いつ決めるのか，決め方についても事前指導が大切となってくる。スポーツの世界は一発勝負であること，転んでも1回しか測定をしないことや，2回測定してよい方の記録とすること等，児童にあらかじめ伝え文句や不満を持たせないようにしておく。

　「保護者からの頻繁の連絡（関わり合いを強く求める）」には，「しつこく飲み会に誘われた」や「保護者のプライベートな悩みを話されることが多い」「毎日のように大したことのない内容の話を連絡帳に長文で書いてくるので，その返信がストレス」等があった。各学校に1，2人はいるのではないか。特に連絡帳の長文は低学年に多い。しかし裏を返せば不安なことが多く，誰かに聞きたいのだ。文章で返すのは大変なので，時間を決めて電話する。

　また，スクールカウンセラーが配置されている学校であれば，相談をしてみるのもよい。直接話しにくる保護者は，管理職，学年主任，養護教諭等，できるだけ多くの先生方で対応し，担任一人に任せない方がよい。話がなかなか終わらなかったり，言った言わないの問題になったりすることを防ぎた

いからだ。

「一線を越えたもはや刑事事件（犯罪）」については，「集金を払ってくれない」や「ブログに悪口を書かれた」等があった。これらの問題は，学校だけで対応してはならない。特に法的にアウトの場合はしっかりと警察など関係機関と連携していく必要がある。

保護者との関係が一度崩れると，その関係を回復するのは容易なことではない。

これから教師を目指す学生も現役の教師も，楽しい学校生活を送り，3月には「楽しい1年だった」と心の底からつぶやきたいはずだ。そのためには，保護者の存在を無視できず，むしろ常にこちらから戦略を持って関わっていく必要がある。

「保護者のために教師をやっているわけではないから……」と言う教師も私の周りにいるが，保護者とよりよい関係を築ければ，児童とうまくいくことが多い。逆に，児童とよりよい関係を築ければ，保護者とうまくいくことも多い。どちらにしろ，児童のよりよい成長には，保護者との関係づくりは大切になってくるのだ。

ストレスによる精神疾患で休職している教師も多くいる。読売新聞平成30年12月26日朝刊27面によると，2017年度うつ病などで休職した公立小中高校などの教員は前年度比186人増の5077人だったことが文部科学省の調査で分かった。

藤倉（2011）は，「精神疾患に至るケースが増えている理由に大きく分けて『長時間労働』『多様化する保護者の要望への対応』『複雑化する児童，生徒指導』『職場の人間関係』の4つがある」と述べている。精神疾患の原因に保護者対応が挙がっていることが分かる。

保護者との関係が悪化すると裁判になっているケースもある。様々な場面に対応できる教師用の保険も登場している。

「言葉の独り歩き」に悩まされる

　授業中，休み時間，給食，掃除の時間など，一日を通して教師はたくさんの言葉を児童に投げ掛け，表情や態度を児童に見せる。児童が家に帰った時に，教師のどの言葉や行動を保護者に話すのか。

　言葉が独り歩きをすることもある。

　例えば，友達へ意地悪をした児童に「友達が嫌がることをするな。思いやりを持ってしっかりと謝りなさい。もう馬鹿なことをするなよ」と指導をした場合。

　児童は，教師の指導（発言）の何を切り取って保護者に伝えるか。大抵は，反省し，自分からその出来事を掘り返すことはしない。しかし，その指導に納得できずに家に持ち帰り，親にその不満をぶつけることがある。上記の指導（発言）で言えば，「馬鹿」という言葉だけが独り歩きをすることもある。

　先生に「馬鹿」と言われたと保護者に報告する。もちろん多くの保護者は「あなたが馬鹿なことをしたのでしょ」や「馬鹿だけを言ったわけではないでしょ」と「馬鹿」に対する文脈を聞き出そうとしてくれたり，そこで教師に対して苦情を言ってきたりする人は少ないが，保護者との信頼関係がなく，もしもその人がクレーマー気質であったらと考えると恐ろしい。

　先程も述べたように，家に帰って先生に怒られたことを話す時は，その教師への不満が少なからずある。本当に心の底から反省をして，保護者に自分の過ちを素直に話し，懺悔する児童は少ない。それよりは，私はそんなに悪くなかったのに，先生に強く指導をされたという心の叫びの方が多い。

　実際に私の経験として，隣の学級の児童が特定の女子に対して「キモイ」と言っていることが分かった。その時に，隣の学級担任と一緒に「馬鹿なことを言うんじゃない」と強い口調で指導をした。

　しかし，「馬鹿」だけが独り歩きし，その保護者から苦情がきた。「もちろんキモイはよくないが，教師が馬鹿と言ってよいのか」と聞かれた。今でも忘れられない経験の１つだ。児童に「馬鹿」と言ったわけではなく，「キモ

イ」という発言を「馬鹿なこと」と置き換えただけだ。しかし，そんなことを言い返しても，その保護者は聞く耳を持たなかった。

「キモイ」と言われていた女の子のことを考えると，強い口調での指導になった。しかし，その児童からすれば，みんなも言っている。何で俺らだけ怒られなきゃならないのかと不満を持ったようだ。

普段，何気なく使っていた「馬鹿なこと」という台詞だったが，表現方法を工夫する必要があることに気付かされた。

世間を騒がす政治家の発言ではないが，そんなつもりはなくても，その単語だけがクローズアップされてしまうことがある。

これを逆に考えれば，プラスの発言も独り歩きする可能性がある。マイナス発言をしないようにドキドキしながら肩身の狭い生き方をするのではなく，プラス発言をできるだけ家に持って帰らせる意識をする。

よい発言や行動は，一人一人にできるだけ伝える。そして，そのことを学級でも伝え，学級通信で家庭にもお知らせをする。教師のプラスの発言を独り歩きさせる。

悪いことをした時に指導する熱量と，よいことをした時に褒める熱量とでは，どうしても悪いことをした時の方が大きくなる。声が大きくなり表情も怖くなる。よいことをした時に褒める言葉は，意外とあっさりしていることが多い。これを逆転させる。褒める時は本気で褒め，怒る時はあっさりさせる。そのことを意識してから，プラスの発言の独り歩きを狙う。

個人面談で，子どもが家に帰るなり「掃除の神様」って言われたと喜んでいたと保護者が教えてくれた。掃除の時間に，隅の方まできれいに掃除をしていたので，「よく考えて掃除をしているね。いやぁ～よく気が付いて掃除をしている……掃除の神様か」と声を掛けた。

その前に，日本は何か一芸に秀でている人を「○○の神様」とたとえることがある面白いお国柄を持っていることを授業で事前に話していた。

「漫画の神様」手塚治虫や「野球の神様」イチローのように，人でも神様という言葉でたとえることがある。一時「神ってる」という言葉も流行して

いた。そんな中，掃除を頑張る児童に対して「掃除の神様」とたとえた。児童は嬉しかったようで，家で話したのだ。

　「楽しい」「嬉しい」「すてき」「最高」「面白い」など前向きな言葉を教師が一日どれだけ投げ掛けられるかが勝負だ。

　上記の「馬鹿」の独り歩きでの失敗によりこの指導スタイルに至った。

　自分の指導が児童に伝わらなかっただけでなく，「馬鹿」だけが切り取られた経験は，自分を一皮むかせてくれた。ここでもう１つのポイントとして，その児童と人間関係を大して築いていない中で厳しい指導をしてしまったことも問題であった。

　言葉は，独り歩きを始める。SNS の普及により，その言葉はどこにたどり着くか分からない時代となった。数秒で多くの人へ情報が流れる。その情報をどう受け止めるかは，情報を受け取った人次第だが，恐ろしい。

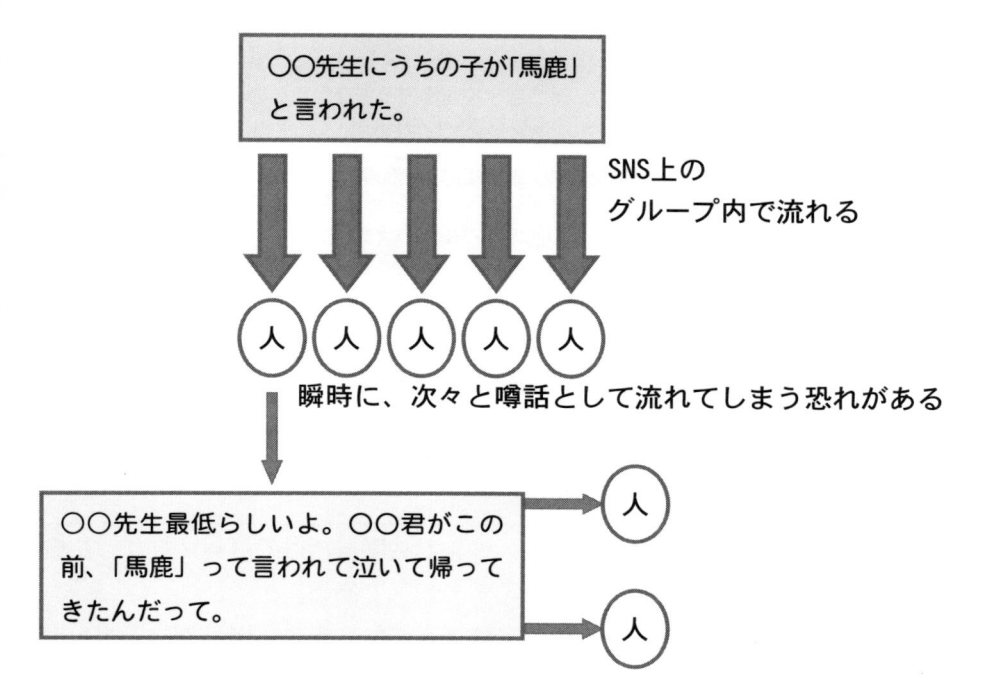

保護者の学校評価アンケート調査からの気付き

保護者に何を聞き，どこを目指すか

　良きも悪しきも保護者がアンケートを通して学校を評価するようになった。多くの学校が年に１回，全児童の保護者を対象にアンケート調査を実施している。

　今年度の教育活動を見直し，それぞれの活動の意義や運営について改善を図る目的で，保護者に学校評価アンケートを行っている。このアンケートを行う法律的根拠として，主に下記の３つが挙げられる。

学校教育法　第42条
小学校は，文部科学大臣の定めるところにより当該小学校の教育活動その他の学校運営の状況について評価を行い，その結果に基づき学校運営の改善を図るため必要な措置を講ずることにより，その教育水準の向上に努めなければならない。

学校教育法施行規則　第66条
小学校は，当該小学校の教育活動その他の学校運営の状況について，自ら評価を行い，その結果を公表するものとする。 ２　前項の評価を行うに当たつては，小学校は，その実情に応じ，適切な項目を設定して行うものとする。

学校教育法施行規則　第67条
小学校は，前条第一項の規定による評価の結果を踏まえた当該小学校の児童の保護者その他の当該小学校の関係者（当該小学校の職員を除く。）による評価を行い，その結果を公表するよう努めるものとする。

　保護者の意見や考えを聞くことで，今まで教職員だけでは見えなかった気付きや閉鎖的な学校の雰囲気が変わるチャンスである。

　しかし，保護者に何を聞き，改善を目指すのか。真剣に考えている学校は全国に何校あるのだろうか。アンケート結果をもとに改善を図り，みんなが

目指す学校が誕生しているのだろうか。

　学校教育法施行規則第66条「小学校は，その実情に応じ，適切な項目を設定して行うものとする。」とあるが，適切な項目とは何か。何のために保護者に聞くのか。何を具体的に分析して，学校側は改善していくのか。現在の学校評価アンケートには，保護者の重要な意見や考えを生かしにくい質問項目が多く見られる。

　だからこそ，項目ごとに数だけをカウントし，集計したものを簡単にまとめ公表し，終えてしまう学校が山ほどある。

　どう分析していいのか分からない項目が多いため，このアンケートでの目的でもある「今年度の教育活動を見直し，それぞれの活動の意義や運営について改善を図る」ことができずに終わっている。

　保護者によっては，毎年同じようなことを書いているのに，学校は何も変わらない。何もしようとしない。これでは不満に変わってしまう恐れがある。

　スーパーマーケットや飲食店等に置かれている「お客様の声」であれば，書いて投稿すると，その意見や考えに対して，店側の回答を店内に貼り出すなどして可視化されることが多い。客が納得するかは別として，一方通行のコミュニケーションではなく，双方向のコミュニケーションをとっている。そして，改善できることは積極的に改善を図っている印象を，客に持たせている。

　また，内閣府は平成21年３月に「学校教育に関する保護者アンケート」を行っている。そこでは，保護者の多くは，教師を評価することを求めていることが分かった。

「保護者による教員評価について」

　教員評価に参加したいと考える保護者が50％弱いる一方で，20％程度の保護者は参加したくないと考えている。

「教員評価の勤務評定への反映の程度について」

　保護者あるいは子どもたちの教員評価を勤務評定に反映することを希望す

る保護者の中では，50%程度のウェイトで反映させることが望ましいと考える人数が半数を超え，多数派を占めている。

「教員評価の方法について」

　教員評価については，児童生徒や保護者の評価を重視すべきであると考える保護者の人数が，専門的な知識を持っている専門家の評価を重視すべきと考える保護者の人数を上回っている。

　保護者は教師を評価することが重要であると言っているのが読み取れる。時代は大きく変わってきているのだ。学校のことは「先生にお任せ」といった時代は終わったのだ。

　保護者による学校評価アンケートについては，項目を見直し，保護者と学校がよりよい関係を築いていくためのものにしていかなくてはならない。

　保護者とよりよい関係を築くための学校づくりを目指すのであれば，今のままのアンケートではうまくいかない。そこで，実際にどのようなアンケートが全国で実施されているのか項目を調査した。

　本書では，アンケートの文章を略さずにあえてこのまま載せるようにした。みなさんは，これらの項目が果たして本当に学校評価アンケートとして適切であるか考え，勤務校と見比べてほしい。多くの学校が同じような項目で聞いていないだろうか。

　学校の裁量で内容を見直すことができるので，中には大きく項目を変更し，学校と家庭の連携が図られる視点で作成している学校も，全国を見渡せばあるかもしれないが，私の周りで見直している学校はまだない。

　そしてなによりも，このアンケート項目から，広報を生かした保護者とのよりよい関係づくりを目指す教育実践のヒントがたくさん見つかった。

　愛知県Ｉ小学校，千葉県Ｋ小学校，岡山県Ｏ小学校，和歌山県Ｎ小学校，宮城県Ｆ小学校の５校の保護者による学校評価アンケートを項目ごとにまとめた。

　各質問に対して，４段階か５段階評価で丸をつけて回答させている。

〈4段階での聞き方の例〉

A．よくあてはまる　　　　B．ややあてはまる

C．あまりあてはまらない　D．まったくあてはまらない

　アンケートの提出の際に，匿名で行っている学校（3／5校）と記名式の学校（2／5校）とに分かれていた。

　一番多く聞かれていたアンケート項目は，「生活・社会のルール・マナー（いじめを含む）／心の成長について」だった。

　どこの学校も主語は「お子さんは」か「学校は」で始まっている。「お子さんは」や「学校は」で始まるものは，子どもの成長について聞いている。学校評価アンケートなので，聞いている内容について，学校は子どもを伸ばすことができたかを聞いていることになる。

　下線を引いた太字部分の内容について，学校の教育活動を保護者が評価している。

・お子さんは，**あいさつ**ができている。

・お子さんは，**人の話を聞く態度**がしっかりできている。

・お子さんは，**くつやトイレのスリッパの整頓**に気をつけている。

・お子さんは，**学習道具などの忘れ物**がない。

・お子さんは，**早寝・早起き・朝ごはんの習慣など，規則正しい生活**をしようとしていると思う。

・お子さんは，**挨拶を交わす態度**が育ってきていると思う。

・お子さんは，**朝食を食べてから登校**している。

・お子さんは，**早寝・早起きの習慣**が身についている。

・お子さんは，**他人を思いやる心**が育ってきていると思う。

・お子さんは，**決まりを守ろうとする心**が育ってきていると思う。

・お子さんは，**生命を大切にしようとする心**が育ってきていると思う。

・学校は，**「早寝・早起き・朝ご飯」「食育」**の指導をよくしている。

・学校は，お子さんに**基礎的・基本的内容**を確実に習得させている。

- ・学校は，<u>児童に社会生活におけるモラルやルールを守る態度</u>を育てようとしている。
- ・学校は，<u>あいさつ等，集団生活のルールやマナーを遵守する心</u>を育成している。
- ・学校は，<u>子供たちの心</u>を育てていると思う。
- ・学校は，<u>子供に生命を大切にする心や，社会ルールを守る態度</u>を教育している。
- ・学校は，<u>友達を大切にしたり自分を律したりする心</u>を育てている。
- ・学校は，<u>体験活動を通して心を耕し，本校を愛する心</u>を育成している。
- ・学校は，<u>挨拶や言葉遣い，ルールの遵守等規範意識の高揚</u>を図っている。
- ・学校は，<u>自分の生き方を考え，豊かな心</u>を持った児童を育てようとしている。
- ・学校は，児童に<u>人権を尊重する意識</u>を育てようとしている。
- ・誰にでも<u>あいさつ</u>ができている。
- ・学校は，<u>いじめをなくす学校・学級づくり</u>に取り組んでいる。
- ・学校は，<u>いじめや不登校のない学校づくり</u>に取り組んでいる。
- ・学校は，<u>人権や命の重要さを尊重する心</u>を育成し，いじめ防止に努めている。

　これだけ見ても，この項目が学校評価なのかと言いたくなるものがある。一例を挙げれば，「早寝早起き」の指導を学校が行うことは大切ではあるが，責任領域で言えば，保護者側にある内容だ。学校がなんでもやってくれるわけではなく，なんでもできるわけでもない。

　「お子さんは，早寝・早起きの習慣が身についている。」この項目に対して，「Ｄ　まったくあてはまらない」に丸をつけてきた保護者に対して，学校は何ができるのか。もっと早寝早起きの大切さについて，授業を行うなど，適切な指導を継続していくと答えるのか。保護者向けのセミナーを開催し，早寝早起きを呼びかけるのか。保護者が登校した際に，早寝早起きの徹底が意

識できるようなポスター等で啓発活動を行うのか。学校の努力で改善が難しいものや責任領域が明らかに保護者である項目をアンケートで聞く必要があるのか。

　他にも，「忘れ物」等も同じことが言える。もちろん，学校側の努力で改善される内容もあるが，学校評価ということを今一度考えてほしい。なんでもかんでも学校ができるわけではない。

　残念ながら，私は毎回職員会議等で手を挙げ，アンケート項目の改善を要求するが変わらない。その理由として，前年との比較ができなくなるからと答える管理職が多くいる。

　児童や保護者と信頼関係を築けている教師は痛くもかゆくもないだろうが，そんな教師ばかりではない。中には，アンケートを使ってこれでもかと攻撃をしてくる保護者もいる。もちろん，真摯に受け止める必要はあるが，学校側が改善できる，もしくは改善しやすい項目に変えていく必要がある。

　また，勤務校の学校評価アンケートをできるだけ早く，事前に目を通した方がよい。その理由として，学校側は何を聞いているのかを把握し，それによって教師の心構えも変わってくるからだ。

　2番目に多く聞かれていた内容は，「授業／学力について」と「学校の取り組みについて」の項目だった。授業に関して言えば，毎日の学校生活に関わってくることだが，授業の評価も，保護者の求める授業と教師が思い描くよい授業にギャップがあるのではと考える。教育委員会の指導主事や管理職，大学の教授であっても，よい授業の定義を一人一人聞くと，多くの意見や考えが出てくるだろう。

「よい授業」の定義ほど，難しいものはない。
・子供は，**授業に意欲的**に取り組んでいる。
・お子さんは，**授業に意欲的**に取り組んでいると思う。
・お子さんは，**授業がわかりやすく，楽しい**と言っている。
・学校は，子供**一人一人を大切にした**きめ細かな授業を進めている。

・学校は，子供たちの**学力を高めている**と思う。

・学校は，子供に**分かりやすい**授業を工夫している。

・学校は，子供に**関心や意欲をもたせるような授業**を工夫している。

・学校は，子供に**基礎学力**をつけている。

・学習内容がわかり，**基礎的な学力**が身に付いている。

・授業は**わかりやすい**ようだ。

・授業は**おもしろい**ようだ。

・授業の内容や**指導方法に工夫**がされていて，**わかりやすい授業**がされている。

・**必要な授業時間数は確保**されている。

　保護者が授業を最初から最後まで見ると言えば，年に数回の授業参観だ。我が子が手を挙げたか，発表したかだけを見ている保護者も多いのではないか。評価基準や授業のねらい，目標をしっかり確認し合った教師同士で授業を評価し合うのと訳が違う。

　その時に，昨年度の教師やお兄ちゃん，お姉ちゃんの時の教師と比べて面白いとか分かりやすいといった評価となる。

　「学校は，子供一人一人を大切にしたきめ細かな授業を進めている。」この項目は，自分たちで首を絞めていないか。「子供一人一人」「きめ細やかな授業」と理想のような言葉を並べている。もちろん，教師はそういった授業を目指すべきである。しかし，改めて保護者に聞くことではないのではないかと，私は考える。一斉授業のスタイルをとっている以上，なかなか難しいのではないか。

　私も授業の評価については，毎回思うところがあった。それは私の経験上，「授業が分かりにくい」と答える保護者とその子どもの学力が比例する場合が多いと思っていたのだ。あれだけ手立てを考え，むしろ他の児童よりも時間をかけて指導を行ってきたのに，「授業が分かりやすい」の項目で「C　あまりあてはまらない」「D　まったくあてはまらない」に丸がついてくる

ことが多くあった。

　そこで，「授業が分かりにくいと答えた児童と学力は関係していると感じていますか。」という「102人教師アンケート」を行った。

　アンケート結果は102人中71人（69.6%）が「そう思う」と答えた。約7割の教師が子どもの学力と関係していると感じていることが分かった。

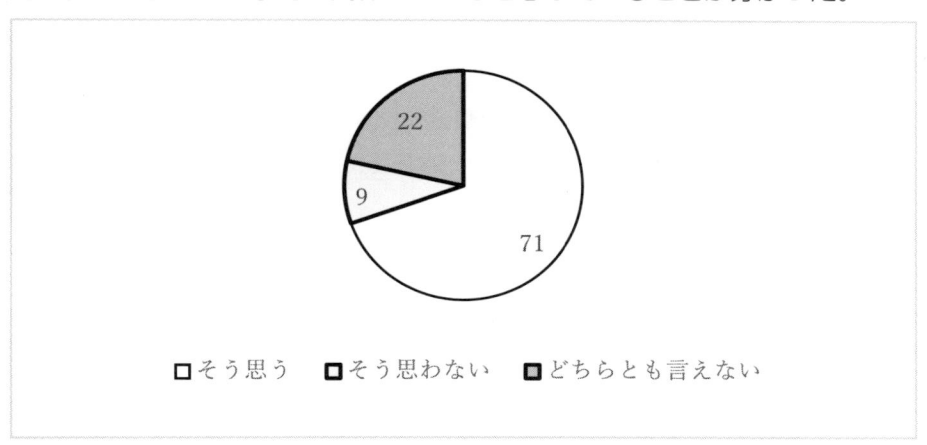

□ そう思う　■ そう思わない　■ どちらとも言えない

アンケート結果「授業が分かりにくいと答えた児童と学力は関係していると感じていますか。」

　学力の低い児童等に対しては，特別な手立てをとり，時間と労力をかけていることが多い。しかし，なかなかテストの点数や学習意欲への向上には結びつかない。また，特に算数科の授業においては，2年生の時に身につけておくべき掛け算を理解できていない児童が割り算や小数，分数の計算を解くことはできない。教師の頑張りが直接，保護者アンケートに反映されない結果となることがある。

　次に多かったのが「教育活動」についての項目だった。

・**子供一人ひとりが大切にされ，認められる学校**になっている。
・**学校行事は活発**である。
・**委員会活動は活発**である。
・**クラブ活動は活発**である。

- ・6年一貫のメリットが生かされた教育が行われている。
- ・学校は，子供一人一人を大切にする姿勢で指導にあたっている。
- ・学校は，体験活動など特色ある活動を行っていると思う。
- ・学校は，縦割り班活動で責任を果たし，協力してやり遂げる喜び，温かい人間関係のよさを味わわせている。
- ・学校は，子供のよいところを見つけ，伸ばそうとしている。
- ・学校は，他の学校にない独自の教育活動に取り組んでいる。
- ・学校は，楽しく意義のある行事（運動会や校外学習など）を実施している。
- ・学校は，環境・国際理解・健康教育・地域社会等の教育課題について学ばせている。
- ・学校では，児童に関するプライバシーが守られている。

　「子供一人ひとりが大切にされ，認められる学校になっている。」「子供のよいところを見つけ，伸ばそうとしている。」等，上記の項目についてはそれぞれの学校や学年，学級で取り組んでいるものがあり，なおかつその内容について適切に保護者へ情報を流し，その活動について保護者に評価をしてもらい，活動を見直すことが大切である。具体的な取り組みがなかったり，それが伝わっていなかったりした時に聞いて，回答する保護者も何をどう答えてよいのか分からなくなる。そして，その回答の意味がなくなる。

　「子供のよいところを見つけ，伸ばそうとしている教育」についてアンケート項目を設けるのであれば，日々の教育実践を保護者に伝え，アンケートで評価してもらい，継続して行うのか，それとも改善をして継続するのかを検討し，次年度へと繋げていく。ここで大切なのが保護者にどう伝えるか，広報の力が鍵となる。

子どものよいところ
を見つけ、伸ばそう
としている教育の
実践について保護
者からの評価

子どものよいところ
を見つけ、伸ばそう
としている教育の
実践

子どものよいところ
を見つけ、伸ばそう
としている教育の
実践を保護者にお
知らせする

「実践→伝える→評価」の好循環

　次に多かったのが「安全面／環境面について」の項目だった。この項目は命に関わることである。だからこそ，学校は日々の安全への教育が必須となる。多くの学校が交通や安全の指導を継続して行っている。その活動をいかに保護者に伝えているか。保護者に伝わっているのかが大切になる。

・お子さんは，**交通安全や身の回りの安全**に気を付けていると思う。

・お子さんは，**安全に気を付け，交通ルール**を守っている。

・学校は，子供の**安全確保・健康管理のための取り組み**を十分行っている。

・学校は，**安全教育を推進し，安全に行動できるよう指導**している。

・学校は，**事故防止に努め，子供の安全について指導**や取り組みをしている。

・学校は，**事故の防止に配慮**している。

・**警報発令時の対応について，児童や保護者に周知**されている。

・学校は，**安全・安心な教育環境の整備**に努めていると思う。

・学校は，**危機管理や安全対策**に努めている。

・学校**施設は，教育的配慮がなされ，美しく使いやすい。**

・学校の**施設・設備は，学習環境の面でほぼ満足**できる。

　登下校については，スクールガード（地域の方々）や保護者の方々の協力により安全に気を付けている学校が多い。また，学校によってはPTA活動と協力して，危険箇所の一覧を出し注意を呼びかけたり，スクールゾーンの設置の要請であったりを行っている。学校側が気付かない点について保護者や地域の方から意見をもらう機会があってもよい。

　事故の防止ついては，学校側が行っている安全点検の結果などを毎月お知らせすればよい。まさに広報である。安全点検項目も多岐にわたり，学校が普段から安全点検を行っていることを知らない保護者も多いのではないか。普段から何もお知らせしていない状態で，いきなり事故防止の配慮や取り組みついて聞かれても保護者は分からない。

　やはり，このアンケートで学校運営の改善を図り，教育水準の向上に努めるのであれば，事前にどれだけ保護者へ普段の取り組みを伝えているか，伝わっているかが大切になる。

　次に多かったのが，「学校，地域，保護者の連携について」だった。再度確認するが，学校評価アンケートである。主語に「子供は」「学校は」ではなく，「我が家では」という項目があった。学校を評価するのに，主語が

「我が家では」を用いている時点で，何を評価しているのか分からない。現実にまだまだこのような学校が他にもあるのではないか。

- 家庭・地域は，学校に対してそれぞれの役割を果たし，連携・協力している。
- 我が家では9時以降ゲームやスマートフォン等の使用はさせない。
- 必要な時に担任は家庭との連絡，連携をきめ細かく行っている。
- 学校は，保護者とのパイプを太くし，子育て支援を行っている。
- 学校は，地域人材・地域行事を活用し，子供たちを育てている。
- 学校は，保護者・地域と連携して子供たちが安全に生活できるようにしている。
- 学校は，家庭との連携を適切に行っている。
- 学校は，地域人材・地域施設を活用した授業をするなど，保護者や地域との連携を図っている。
- 学校では，PTA活動は活発である。

　「我が家では9時以降ゲームやスマートフォン等の使用はさせない。」など，もはや学校評価という名の下に聞く内容ではない。学校評価ではなく，家庭評価アンケートになっている。

　「学校は，保護者とのパイプを太くし，子育て支援を行っている。」という項目では，「保護者とのパイプを太く」とあるが，どの状態が太い状態なのか。「子育ての支援」とは何なのか。答える保護者も難しい項目だ。

　家庭との連携で学校が取り組んでいることに対して，評価してもらうことが大切だ。例えば，授業参観，懇談会・保護者会の回数や時期について等，連携を図るための行事について聞く。また，学校便り，学年便り，学級便り（週プログラム）等の内容について聞く。「まったくあてはまらない」と答えた家庭には具体的に改善した方がよいところを聞く。改善できるのであれば，改善していく姿勢を見せていく必要がある。

　次に多かったのが，「学校に対する児童の気持ち」の項目だった。児童一

人一人の気持ちに寄り添うことは大切だが，学校評価と言うよりは個人面談で話すような内容である。

・子供は，楽しい学校生活を送っている。
・お子さんは，学校へ行くのを楽しみにしていると思う。
・お子さんは，自分の学校は楽しいと言っている。
・お子さんは，学級の子と仲良くできている。
・お子さんは，通学班の子と仲良く通学している。
・学校の雰囲気がよく，児童が生き生きとしている。
・給食の時間を楽しみにしている。
・毎日楽しそうに登校している。

　児童一人一人の満足度や友達関係に関して，評価が悪かった児童に対しては個での対応になる。友達関係で悩んでいるのであれば，その事実を確認し，教師と保護者が連携して早期解決へ向けて動くべきだ。特に匿名でのアンケートでは誰が困っているのか分かりにくく，対応や指導がしにくい。学校評価アンケートで聞くのではなく，いじめ調査アンケート等，個別対応ができる時に聞いた方がよい。

　次に多かったのが，「情報公開について」の項目だった。まさに学校が行う広報活動についての評価だ。ちなみに私の経験上，この項目の結果は低く出る学校が多い。なぜ，低い結果になるのか。保護者の求める情報と学校が出す情報に差があるからだろう。しかし，どこの学校もそれなりに情報は発信している。保護者の求める情報とは何なのか。具体的に保護者から意見や考えを伺えばよい。基本的には，学校行事等のお知らせは必ずしているはずだ。どんな情報を知りたがっているのかを学校は知るチャンスになると考える。

・学校は，<u>積極的に教育活動を公開</u>していると思う。
・学校は，<u>教育活動や子供の様子を保護者に分かりやすく伝えている。</u>
・学校は，<u>教育活動の様子を情報発信し，保護者の理解</u>を得ている。
・学校は，<u>学校だよりや各種たより・ホームページでわかりやすい情報発信</u>を
している。
・学校は，<u>ホームページでよく情報を発信</u>している。
・学校は，<u>保護者や地域へ積極的に情報提供</u>を行っている。
・学校が<u>保護者に出す文書・事務連絡等は適切</u>である。

　もっと具体的に聞いていくと，よりよい関係づくりができるのではないか
と考える。例えば，「学校便り，学年便りを通して月行事は把握できたか」
等，こちら側が発信している内容に関して聞けばよい。「積極的に」とか
「分かりやすく」等の言葉は使わない方がよい。自分たちの情報発信のハー
ドルを上げることになる。
　また，「学校便りや学年便りに入れてほしい内容等があればご記入くださ
い」と聞いてみてもよい。改善できるところは積極的にしていきたい。

　次に多かったのが，「教育相談についてと学校教育目標について」の項目
だった。この項目についても普段の学校側の広報力が大切になってくる。い
きなり相談しやすいかと聞かれても保護者は困るのではないか。それよりは，
相談ボックスの設置やスクールカウンセラーの配置，担任以外への相談窓口
開設，教育相談日など，どこの学校でも行っている内容を発信し，保護者の
理解や共感を得ているかが大切になる。

・保護者が，<u>子供の悩みや問題について，相談しやすい</u>学校になっている。
・担任は<u>子供の相談に親切</u>に応じてくれる。
・学校は，<u>相談に応じる雰囲気</u>があると思う。
・学校は，<u>保護者の悩みに親切</u>に対応している。

・学校は，**保護者と話をする機会を多く**持っている。

　相談しやすい環境を継続して学校便り等で伝えていく必要がある。そんな中でも，意見や感想があれば書いてもらえばよい。スクールカウンセラーを設置している学校は特に，相談している人は一部の人であり，多くの人は利用していないため，「スクールカウンセラーって何？！」といった状態になってしまう。だからこそ，スクールカウンセラーから保護者宛てに，「こんな時に来てください」等，具体的に，いつどんな時に活用できるのかをこれまた継続的に発信し続けることが大切である。

　スクールカウンセラーだけでなく，学校としていつでも相談に乗ることを伝え続けることが大切である。「苦情から相談へ」私のスローガンである。相談はあればあるほどありがたい。そのことで，よりよい連携がとれてくる。相談ではなく苦情となると，お互いの気持ちが離れていく。

　学校教育目標に関しても全く同じであり，常に何らかの形で発信し，相手へ浸透させる手立てが必要だ。職員室の前面に掲示してあったり，正門付近の大きな岩に彫刻されている学校もある。まずは，学校がこの目標を達成させるために具体的に行っている活動があり，それを情報発信していない限り，下記の項目で保護者に聞いたところで意味がない。

・教育目標は，**我が子に成果があらわれている**。
・学校は，**教育活動や教育方針をわかりやすく伝えている**。
・学校は，**教育方針をわかりやすく伝えている**。
・学校の**児童指導の方針に共感**できる。
・学校は，**学校運営の方針を明らか**にしている。

　学校教育目標を４月の学校便りに一度載せて終わりではなく，教育目標に沿っての取り組みを常に発信しているかが大切である。学校の理念を浸透さ

せる工夫を行って，ある程度保護者が理解した上で評価をしてもらえばよい。言葉で言うのは簡単だが，この言葉を浸透させるのは難しい。

「学校教育目標って何？」と頭の上にクエスチョンが立つ保護者に聞いても何も改善されない。

次に多かったのが「読書について」や「体力や健康について」「家庭学習について」の項目だった。

読書の項目に関しては，学校評価と言うよりも家で本を読むか読まないかの評価になってしまう可能性が高い。もちろん，子どもが本好きになり，家でも進んで読書をするようになれば一番だが，なかなかそこまでの変容は難しい。ゲーム，外遊び，習い事等，家に帰れば各家庭の生活リズムがある。

うちの子は本を読まないからと，「D　まったくあてはまらない」に丸をつけてくるようにならないためにも，学校での取り組みを保護者に浸透させる必要がある。

・子供は，**読書活動に意欲的**に取り組んでいる。
・お子さんは，**読書に親しむ態度**が育ってきていると思う。
・学校は，**読書指導を行い，豊かな読書体験**ができるようにしている。
・学校ですすめている**読書活動（朝読書，読書週間）は，豊かな人間性**を育んでいる。

図書便りを出している学校は多くある。しかし，図書便りを出して終わりになっていないか。

図書便りの内容は，「読書に親しむ態度が育ってきている」ことが，保護者に伝わるものになっているか。朝の読書タイムを設けている学校は，授業参観の最初にそういった姿を見せたり，保護者に図書室へ足を運んでもらい読書活動が活発に行われているかが伝わる工夫をしたりすることで，保護者の理解が深まり，アンケートでの評価が意味をなす。

また，保護者による本の読み聞かせを行っている学校もある。誰が，いつ，どこで，何を読んでくれたのか。子どもの感想を図書便りに載せてもよい。方法はいくらでもある。まずは，多くの保護者に学校の取り組みをいかに伝えるか，伝わるようにするかを考えた上で，学校評価アンケートを行う必要がある。

　体力や健康については，教師が体育の授業の充実や外遊びを積極的に行っていても，体を動かすことが嫌いな児童の保護者は「Ｃ　あまりあてはまらない」「Ｄ　まったくあてはまらない」に丸をつける場合がある。

・子供は，**運動に意欲的**に取り組んでいる。
・お子さんは，**健康に気を付け，体をきたえている**と思う。
・学校は，**子供たちの体力を高めている**と思う。
・学校は，**運動のよさや楽しさを体得させ，元気な心と体**を育てている。

　児童の特別な変容が見られない限り，苦手なものに関しては，学校評価にも反映されることが多い。先程も学力のところで述べたように，苦手な児童には多くの時間を割き，教師は手立てをもって指導にあたる。授業の指導案作成には，苦手な児童や特別な配慮を要する児童に対して，具体的な指導を書き，その準備を行っている。しかし，その工夫などが保護者には伝わっていないことが多い。

　跳び箱で言えば，上手に跳べる児童には教師の助言は少ない。しかし，跳べない児童には，跳び箱に手形を書いたり貼ったりして，手を付く場所を明確にする等の手立てを用意する。学校が保護者に情報を発信し，伝わるようにしなくてはならない。

　家庭学習については，教師が宿題を出し，限られた時間で宿題の確認を行っていても，家庭での学習習慣がなく宿題をやらない児童の保護者は「Ｃ

あまりあてはまらない」「D　まったくあてはまらない」に丸をつける場合が多い。家庭学習の充実は学校評価で聞くことなのか。家庭学習の責任者は誰なのか。課題を出した教師か？！　保護者か？！

　現在，宿題をなくしている学級や学校もある。家庭学習についてはこれからますます議論が起きそうだ。そんな中，学校評価アンケートでこの項目を入れれば，「C　あまりあてはまらない」「D　まったくあてはまらない」に丸をつけた保護者は学校がもっとしっかり指導をしてくれると思うではないか。

　家庭学習の充実を学校側が願うのは自由だが，そこまで口出しをできるのか。中学受験に向けて勉強を行っている児童に，学校の宿題はいるのか。目標をしっかり持って勉強を行っている，塾に行っている児童は宿題なしで，通っていない児童は宿題ありというのもおかしな話だが。

・子供は，**家庭で自主的に学習**している。
・お子さんは，**宿題等の家庭学習**に取り組んでいると思う。
・お子さんは，**家庭学習の習慣**が身についている。
・学校は，**進んで家庭学習に取り組む習慣**をつけている。

　ドラえもんの世界でも，のび太のお母さんはのび太に「宿題やったの？！」と聞いて終わり，自分はテレビを見ながら煎餅を食べていることがある。お母さんは，家庭学習の責任者ではないのか。学校の宿題だけでなく，自分の子どものここを伸ばしたいからと家庭教育を行う姿勢が見られない。

　もちろんこれは漫画の話だが，家庭学習については責任領域の話になる。今は，色々な意見や考えがある。私が経験をした中で，中学校受験前の児童が約2か月学校を休むこともあった。学校の勉強は必要ないとはっきりと言われた。保護者同意のもと，宿題はやってこない。家庭学習に学校が口を出せない現状もある。

「学校に対する保護者の気持ちについてと教職員について」の項目で最後となる。一言で言うと，学校評価ではなく学級担任の評価で終わってしまう項目になるのではないか。

・子供を，<u>現在の学校に通わせて良かった</u>と思う。
・学校は，<u>保護者や地域の願いを受け止めている</u>と思う。
・学校は，<u>保護者の声や願いを教育活動に反映</u>させている。
・教職員は，<u>教育に熱心</u>に取り組んでいる。

　「学校は，保護者の声や願いを教育活動に反映させている。」と聞く前に，アンケートの項目をいち早く見直し，授業参観の回数など，学校内で改善できるものを聞き，保護者の声や願いを教育活動に反映させていかなくてはならない。

アンケート後の教師のモチベーション

　私自身，学校評価アンケートの結果を見たり聞いたりすると，がっかりしてしまうことがあり，後味の悪いものとなっている。「よっしゃー！　やってやろう！」と思えない自分が毎年いる。「102人教師アンケート」において，学校評価アンケート集計後のやる気を10段階で聞いた。

「とても意味がある」   「全く意味がない」

10	9	8	7	6	5	4	3	2	1
0人	0人	0人	0人	3人	6人	4人	45人	36人	8人

平均値が2.74であった。

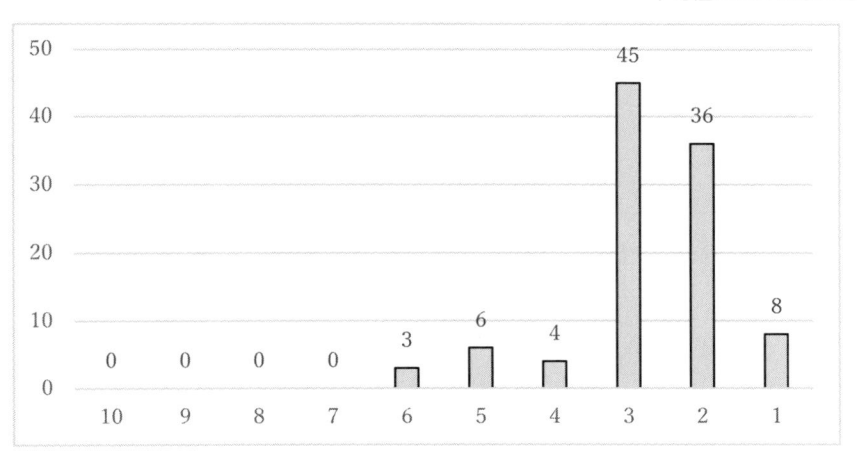

保護者アンケート後の教師のやる気

　見て分かる通り，教師のやる気は生まれず，むしろマイナスな気持ちになっていることが分かった。このアンケート後に今年度の改善に努めようという気持ちも生まれにくい。もちろん真摯に受け止める必要はあるが，これだけ教師のやる気を下げる学校評価アンケートを続けていくべきなのだろうか。このアンケート後に個人面談を行う学校もある。匿名でのアンケートを行っている学校では，誰が書いたかも分からずに，色々と書かれ，心も体もボロボロの状態で，笑顔で個人面談を行わなければならない。

これも全て学校評価アンケートの項目の見直しと，学校が保護者に伝えるべきことを伝えていないことから起こっている。アンケートを行う以上，学校独自の広報戦力が必要なのだ。

　次に，学校評価は「意味があると思うか」を10段階で聞いた。

「とても意味がある」　　　　　　　　　　　　　　　　　　　　　　　　「全く意味がない」

10	9	8	7	6	5	4	3	2	1
0人	6人	5人	24人	33人	19人	4人	4人	6人	1人

平均値が5.84であった。

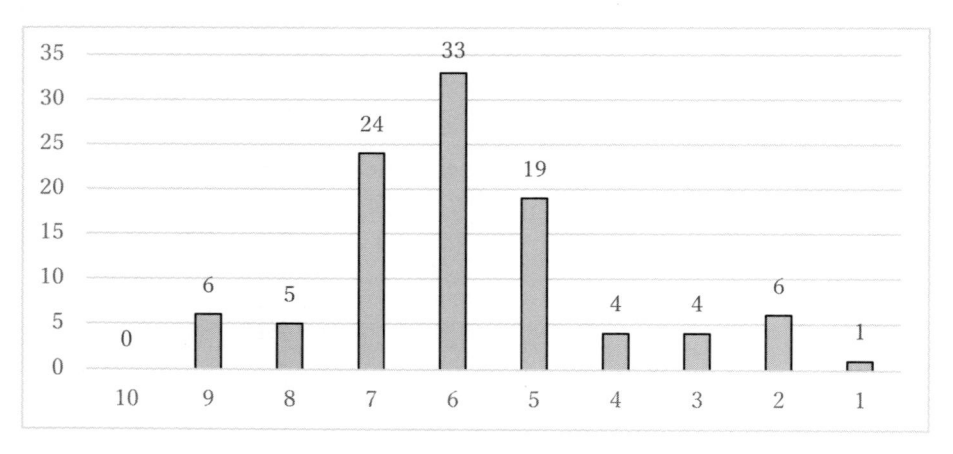

保護者アンケートは意味があるのか

　意味はあると思いながらも，どこか不満を持った回答が見られた。回答として，6が一番多く，アンケートそのものに意味がないと感じている教師は少ない。しかし，残念ながら今のままでは保護者の訴えや願いが言った者勝ちのように感じ，次から次へと要望が来たと教師は捉えているように読み取れた。聞く耳を持たずに自分たちの立場や現状が伝わっていないことに苛立っていることも分かった。少数の意見であっても，マイナスの評価を肯定できない。その教師なりに頑張っていることが伝わらず，ジレンマを感じるからであろう。教師には不満が募る。多くの意見や考えを真摯に受け止めることも重要ではあるが，受け止められないものとなってしまっては意味がない。

アンケートへの前向きな対応策

　まず先に，アンケートによって分かることはある。アンケートを行うことを全面的に否定しているわけではない。しかし，あまりにもアンケートが多く，その内容が児童の自主性ややる気を奪っているような気がしてならない。

　どこの学校でも行われているのが，「いじめの実態把握調査」や「セクハラ調査」「授業の指導案作りにおける意識調査」「国や県，市町村からの調査」「学力テストの意識調査」である。

　その度に，児童は「学校は楽しいですか」「授業は楽しいですか」「いじめられていませんか」「算数科は好きですか」等の質問攻めにあう。

　児童もその時の思いや考えを素直に，「学校は楽しくない」「授業は楽しくない」「友達に悪口を言われている」「計算は嫌い」と回答する。冒頭でも述べたが，素直に自分の気持ちや考えを書いてくれるのは実態把握がしやすく，対応も取りやすくありがたいのだが，自分自身で「嫌い」と答えた児童は嫌いという思い込みが強くなってしまう危険性がある。

　特に自分自身で選択した答えだけに，その思いや気持ちを変えることは容易ではない。

　「跳び箱は好きですか。嫌いですか。」ではなく，「どの技に挑戦してみたいですか。」など前向きな調査にすることで，児童の心のコップが上を向くのではないだろうか。教師は導入として，どの教科，単元においてもやる気スイッチをできるだけ「ON」にさせてから授業を行っているはずだ。やりもしないでいきなり，児童の変容をつかみたい一心で「好きですか。嫌いですか。」と安易な調査を行ってしまう。昨年度は嫌いだったようだが，今年度は俺が跳び箱を好きにさせてやる。言い換えれば昨年度までの担任か体育専科を好きにさせることができなかったことを調査しているのと同じである。

　また，学校生活を楽しくするのは，児童一人一人が何に取り組んでいるかにかかってくる。学校は東京ディズニーランドではない。東京ディズニーランドであれば，従業員のあたたかいおもてなしにより，楽しくなる演出をし

てくれる。

　アンケート調査をすればするほど，児童をお客様気分にさせてしまう可能性がある。学校は誰かが楽しくしてくれるものだと勘違いさせてしまう恐れもある。

　楽しい学校をつくる主体が誰であるのか分からなくなっている児童もいる。内省することなく，何かがあればすぐに人のせいにする児童を育てていないか。

　いじめについても，アンケート調査をすると大量にいじめの案件が出てくる。とてもよいことだが，その時に「やめて」と言える児童を育てることが重要なのではないか。案件の中には，その時にすぐに解決できる内容も多くある。アンケートで書けばよいと思っていないか。

　毎年，数多く行うアンケートにより，書けば誰かが解決してくれるといった雰囲気が児童から伝わってくる。また，封筒に入れて，担任には見られない状態で管理職にそのまま提出するアンケートもある。

　もちろん，体罰やセクハラなどを担任の教師が行っていた場合，その方法をとるしかない。

　しかし，私は2年生の児童から「体罰アンケートに先生のことを書こう」と冗談ではあるが言われた。もちろん，体罰などしていない。鬼ごっこでタッチをしただけだ。そういう態度や言動については，発言がおかしいことをしっかりと指導したが，アンケートをとることの弊害も少なからずあるように感じている。「○○ハラスメント」という言葉を児童は教師に対して平気で使う現状がここ数年ですごく増えたと実感している。私が教師になった10数年前には，あまり聞かなかったことだ。

学校が担う責任領域の線引き

　保護者が教師に対して期待が持てる状態を信頼関係が築けている状態として捉え，本書では教師と保護者の信頼関係の定義を「何か問題があってもよい方向に向かうと期待した上で，安心して子どもを預けられる状態」とする。

　しかし，ここで注意したい点がある。

　小野田（2008）は，「保護者の方々の要望の内実を丁寧にくみ取る作業とともに，本来的な学校の守備範囲とは何か，そして責任領域はどこまでかの合意形成が必要であるにも関わらず，相互不信の構図だけが大きく浮かび上がりつつあるようです。」と述べている。

　責任領域については，明確なガイドラインがある場合とない場合があり，学校によって対応が違うこともある。ガイドラインがない場合の線引きはその場の学校にいる管理職と教師の判断に委ねられる。

　そんな中，保護者が何かを学校に言ってくれば，よほどのことがない限り，多くの学校が良くも悪くもすぐに対応する。なんでもやってあげることで保護者の期待度を上げることは，線引きが曖昧になり，危険である。むしろ，保護者をモンスター化させてしまう恐れがある。この点に気を付けながら，信頼関係をつくっていく必要がある。なんでもかんでも言われたことをやってあげて信頼関係を築こうとしてはならない。

　今から述べる内容について，みなさんはどう考えるだろうか。

　駅構内のオープンスペースの市民ギャラリー（市民が展示を行う）の前を下校途中の児童が通りかかった時に，市民の方が撮った写真や書道の作品，折り紙などの展示を見ていかないかと主催者の１人が声をかけた。児童の数人は展示を見始めた。主催者は，その光景を写真におさめた。下校後，数名の児童が保護者にそのことを伝えた。保護者は後日，連絡帳で担任にその内容を報告した。学校から市民ギャラリー主催者に注意をしてほしいとの連絡であった。注意してほしい内容としては，写真を撮らないでほしいということだった。下校中なので学校の責任領域ではあるが，市民ギャラリーの方へ

写真を撮らないでほしいと学校が電話をするのか，保護者が電話をするのか，意見が分かれるところだ。保護者によっても考え方が違う。地域の方との交流をよく思っている方も中にはいる可能性もある。学校は校内で協議した結果，市民ギャラリーの主催者に３つのお願いをした。

・下校途中の児童に声をかけないでほしい。
・写真は撮らないでほしい。
・撮った写真を学校に持ってきてその場で全て消してほしい。

　地域と学校の繋がりも大事だが，学校の判断は上記の内容であった。地域の方は学校の考えに応じてくれた。学校は主催者である市民の団体を呼び出し，写真をその場で消させた。その後，経過を保護者に連絡した。保護者としては一件落着といったところだ。保護者は，学校に言えば写真まで消すよう指導してくれることを経験した。

　学校と保護者と地域が協力して子どもを育てていくことが望ましいと言われている。しかし，上記の事例では，一部の保護者の意見や考えを学校がスーパーマンのように解決したとも言える。写真の削除についてまで学校が言えるのかという疑問が出てくる。地域の方が児童の写真を撮ってはいけないと学校が言うのであれば，運動会，音楽会，その他の行事はどうなるのか。地域の方や保護者の方は撮り放題だ。学校によっては保護者へ腕章を配付し，腕章を身に付けている保護者だけが写真を撮ってもよいというルールづくりをしているところもあるようだ。

　学校の責任領域と守備範囲は，これからも保護者との距離感によって，その時々で変わってくる。ここではっきりさせておきたいのは，保護者とのよりよい信頼関係を構築するために，学校がなんでも引き受けて，保護者の期待感を醸成させてしまうことは危険であるということだ。

家庭が担うしつけ

　学校の先生の言うことを黙って聞く。何かあった時にうちの子がいつもご迷惑をおかけしていますとすぐに頭を下げてくれる保護者は昔よりも減ってきているだろう。昔と言っても具体的にいついつからと言えないが，少なくとも日本の教育水準が上がり，多くの人が大学に行ける時代になってからではないかと推測する。そして，自分の子どもに手をかけられるようになってきた頃ではないか。保護者の苦情の推移のデータがあれば見てみたい。昭和初期と平成初期，そして新時代令和初期では，当たり前ではあるが大きく変わっているように思える。今から約15年も前の話だが，全国連合小学校長会が意見をとりまとめ，中央教育審議会初等中等教育分科会に提出した「小学校段階における教育目標の明確化等についての意見」（2005）では，「学校教育は家庭教育の基礎の上に築かれていくことが望ましいが，この状況にあるところは少ない。（中略）学校では，新１年生の保護者に対して，学校生活が円滑に進められるように，身に付けておいてほしいことを話して協力を求めている」と述べている。

家庭で身に付けてほしい項目

言葉に関すること	・自分の名前がいえる。 ・「はい」の返事がはっきり言える。 ・あいさつができる。 ・必要なことがはっきり言える。
自分に関すること	・洋服の脱ぎ着が一人でできる。 ・学校のトイレで用が足せる。 ・自分の持ち物が分かる。 ・ものを大切にする。
食事に関すること	・食事は20分くらいで食べ終わる。 ・食事中は落ち着いて食べることができる ・好き嫌いをしないで，何でも食べる。 ・食前，食後のあいさつができる。
遊びに関すること	・誰とでも仲良く遊べる。 ・自分勝手にしないで遊べる。 ・安全に注意して遊べる。

【出典：全国連合小学校長会（2005）】

全国連合小学校長会（2005）は，「個人として最低限できることが大切であるが，集団生活ができないのであれば，家庭に協力してもらわねばならない」と集団生活を送る学校で最低限持ち合わせてほしい力を挙げている。全国連合小学校長会が中央教育審議会初等中等教育分科会に提出したということは，上記の項目を身に付けていない児童が増えていることを意味する。それは，家庭教育の力が落ちているとも言える。

　もちろん，これからも家庭にお願いできるところはしていく必要がある。

　しかし，児童の問題行動を家庭のせいにする風潮はよくない。「あの家はしつけがなってないからダメだ」と言い捨てるのは教育者の発言ではない。それならば，なおさら愛情を注ぎ，できるだけ楽しい学校生活を送らせてあげられるように指導をするのが教師の仕事である。現実的に，数人が椅子に座れず離席を繰り返すようであれば，確かに学級を運営していくのは難しい。しかし，そのことをその問題行動を起こす保護者に伝えても何の解決にもならない。その保護者も打つ手がない。家で先生の言うことを聞きなさいと言っても，その子が次の日に変わるようなことはまず考えられない。

　保護者に事実を伝えることは大切である。その事実を基に，だから私は「○○な手立てを打ってみます。それでもダメなら次の手を考えます」といった具合に，手を替え品を替え，教師が悪戦苦闘しながらも我が子の成長を見守っている姿を見せなくてはならない。

　校長会は保護者に呼びかけると共に，幼稚園，保育園などの幼児教育，保育との連携の強化を考えた方がよい。もちろん幼小連携をすでに研究し，実践している自治体や学校は多くある。

　世の中は物凄い勢いで変化している。価値観も多様化している。何が正解で不正解かの線引きが難しくなってきている。多くのことについて，強制で行うことに対し違和感を持つ時代になってきている。

　「はい」と返事をさせる教育には多くの保護者が賛成するだろうが，名前を呼ばれた時に，大きな声でとか元気な声で「はい」と返事をしなくてはならないと言われると，「大きく？！」「元気に？！」と首をかしげる大人もい

る。また，「〜しなくてはならない」という強引な言い方が通用しなくなってきたのだ。

　家庭で身に付けてほしい項目の中にある「誰とでも仲良く遊べる。」を1つとっても，「誰とでも」という表現や言い回しに対して引っかかる大人がいる。「『君子危うきに近寄らず』という言葉を知らないのですか。暴力や暴言の多いあの子とは仲良くすることは無理です。そんなことを言わないでほしい」と言われればそれまでである。

　また，インターネットの普及と進化により，一個人が情報を世界に発信できるようになった。一人一人がメディアとなり，自分の意見や考えを世の中に広げられる。おかしいと思ったことをSNSで発信すれば，共感しコメントを書き込んだり，その内容をシェアしたり，どんどんとその情報が独り歩きを始める。

　しつけについて，学校がなかなか口を挟みにくい時代になっている。だからこそ，この解決方法としては2つ考えられる。

　教師が問題行動を繰り返す児童への対応方法の引き出しを多く持っておくこと。そして，事実だけを保護者に伝え，保護者も協力者として仲間にすること。言い方1つ，伝え方1つで味方になり，敵にもなってしまう。

教師への保護者の悩み

保護者の実態調査アンケートから見えてきたこと

　広報学を取り入れた実践をしていく前に，保護者の実態を調査した。実際に教師と信頼関係を築くために必要なことは何かを探るために行った。

　私が知り合いの保護者115人に調査を行った。

調査時期：平成30（2018）年4月から10月

調査対象：同一校の保護者ではなく，千葉県と東京都，神奈川県で小学生の子どもがいる保
　　　　　護者に行った。

調査方法：匿名で行い，その場で記入してもらい袋に入れて回収した。

＊以下本書の中で紹介する保護者アンケートは上記115人の知り合いの保護者に行った調査である。以下「115人保護者アンケート」とする。

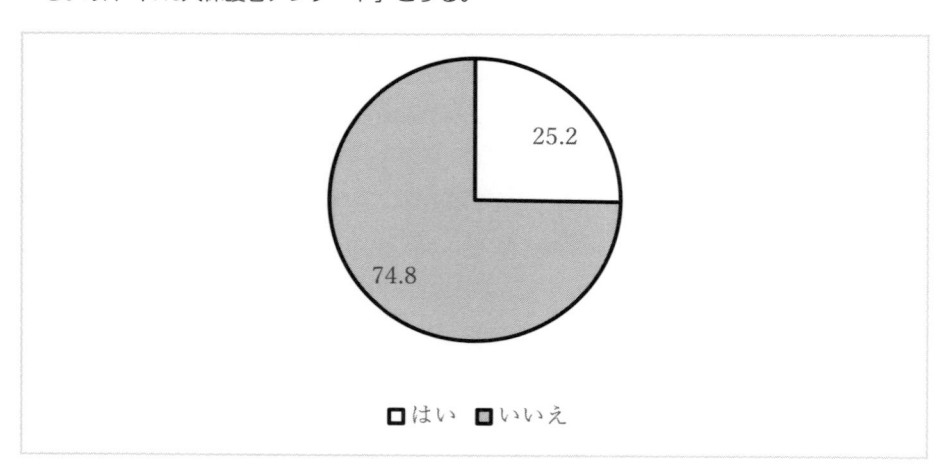

25.2

74.8

□ はい　■ いいえ

教師との（人間関係／連携）で悩んだり困ったりしたことはあるか

　「教師との（人間関係／連携）で悩んだり困ったりしたことはあります

か。」の項目では，「はい」29／115人（25.2%），「いいえ」86／115人（74.8%）という回答結果だった。

　「教師との（人間関係／連携）で悩んだり困ったりしたことがありますか。」に「はい」と回答した29人（25.2%）の保護者には，複数回答可として自由記述にて，具体的に何に悩んだり困ったりしているか聞いた。

「学級崩壊・学級がうまく機能しない状況」（13／29人　44.8%）
・学級崩壊していた。
・暴れる子供がいるが担任がおさえられないでクラスが荒れていた。
・担任の言うことを聞かない子がたくさんいる。
・授業参観で見た時に，いわゆる学級崩壊していた。
・担任一人では学級をまとめられずに，多くの先生が学級に入っていた。
　当然ではあるが，学級崩壊（学級がうまく機能しない状況）の教室に子どもを通わせる保護者は教師との（連携／人間関係）で悩み，困っている。

「子供を通して聞いたこと」（7／29人　24.1%）
・子供を通して嫌なこと（いやみ）を言われた。
・子供が理不尽な説教をうけた。
・親の前と子供の前とでは態度が違うと子供から聞かされた。直接，先生と話をしようとしたが，子供が嫌がり，早くクラス替えが来るのをひたすら待った。
・子供が先生に相談した時の対応が悪い。
・子供が悪いことをしていても先生が見て見ぬふりをしている。
・担任が圧力的な感じで指導をする。
・怖い教師の顔色を見ながら生活している。

　もちろん全体の割合から言えばとても少ないが，教師の指導に納得できずに，児童が家に帰ってから不満を漏らしたり，教師の指導での言葉に対して

悩んだり困ったりしている保護者がいる。

　ピンチはチャンスであり，上記の自由記述からは保護者とのよりよい人間関係をつくっていくヒントが見えてくる。

　上記の子どもを通して聞いたことの欄を見ると，子どもの「口コミ」が保護者の気持ちを不安にさせているケースがある。逆を考えれば，子どもの「口コミ」で保護者の気持ちを安定させることもできる。

　子どもと信頼関係をしっかり築くことの大切さを改めて感じると共に，学校や教師に対して，上記のように不満や悩みを持ってしまうと，なかなか信頼を取り戻すことはできないことが分かる。だからこそ，事後の対応についての知識よりも事前にできることの知識を手に入れることが必要である。公立小学校は企業と違い，インターネットを使った SNS 等で情報発信はできないが，保護者の信頼を獲得するための方法はある。広報活動を学級担任が自ら行い，学級の保護者から信頼してもらえる教師を目指す。

「教師と直接関わって」（5／29人　17.2%）

・**高熱で休んだらインフルエンザを疑われ**，処方された薬を１つ１つ言わされた。

・**顔が赤いと言われ，呼び出されたが，学校に行ったら治っていた。**

・子供のクラスで不特定多数に対する嫌がらせ（Ａさんの筆箱が窓から外に投げられた。Ｂさんは○○を捨てられた……など）が続いた時，**我が子を疑っているような面談をされた。**

・教室内の行動（暴れる，エスケープ）について，**担任や養護と話し合いをしたが，考え方で折り合いがつかなかった。**

・子供の友達関係で，小さなトラブルが続いており，**先生に見守りをお願いしていたが，衝動的に自傷行為に及ぶようになり，大きな問題になってしまった。**教師の目の届かないところでのトラブルもあったので，担任の先生だけでなく，多くの目で見てもらいその情報をもらえると良かった。

疑うことはしてはならない。どんなに嘘をついていてもその嘘を暴こうと保護者と話しても前には進まない。前進するための指導を教師は心掛けていかなくてはならない。どうすればよい方向に進んでいくかを考えると，１つの意見を押し通すのではなく，多様な意見で対応することが求められる。

「教師を信頼していない」（4／29人　13.8%）
・子供の発達に不安があったため集団への参加や休み時間の過ごし方，子供本人の意思表示など配慮して欲しかったが，フルタイムであまり平日，学校に関われず<u>十分な意思疎通ができない</u>と感じていた。
・友達からキツイ言葉を言われ続けていて，それを伝えた時，クラス全体や相手の子に指導すると言って下さったけれど，<u>トラブルを心配した。</u>
・先生が<u>明らかに子供と信頼関係が築けていない</u>。
・１年生なのに，<u>音読を１日10回</u>ときつかった。

　上記の意見も決して見逃すことができない貴重な意見である。発達に不安を持っている児童は少なからずいる。その保護者も対応に困っている時がある。個人面談の際は，担任１人ではなく養護教諭やスクールカウンセラー，管理職とも連携して対応する必要がある。
　保護者の不安を少しでも解消できるようにしてあげることが大切である。そこには，見えないものを可視化する必要がある。保護者が学校生活を少しでも分かるように心掛けることが大切である。

　また，「115人保護者アンケート」において，「教師とのより良い人間関係・連携は重要だと思いますか。」の項目では，115人全員が「はい」と答えた。当たり前かもしれないが，全員がよりよい関係を築きたいのだ。だからこそ，お互いがうまく歩み寄れる雰囲気や方法をこちら側が考えていくことが大切である。
　そこで，次に「教師とのより良い人間関係・連携を築くために心掛けてい

るすことはありますか。」という質問をした。

「はい」88／115人（76.5%），「いいえ」27／115人（23.5%）と回答した。7割以上の保護者が何らかの方法で歩み寄ろうとしてくれている。

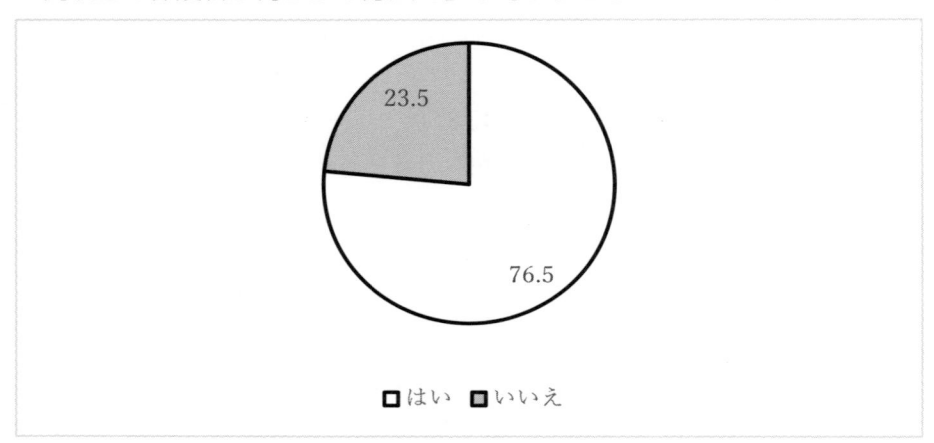

23.5

76.5

□ はい ■ いいえ

教師とのより良い人間関係・連携を築くために心掛けていることはあるか

「教師とのより良い人間関係・連携を築くために心掛けていることはありますか。」に「はい」と回答した88／115人（76.5%）の保護者は，複数回答可として自由記述にて具体的に何をしているか聞いた。

「会わずともコミュニケーションをとる」（46／88人　52.2%）

・何かあったら**連絡帳に書いてお礼**を述べる。

・**連絡帳を活用**している。

・気になることはすぐに（早目に）**連絡帳に書いて相談**する。

・年度の始めと終わりに**連絡帳にお礼を記述**する。

　直接会わずにコミュニケーションをとる手段として，連絡帳を活用して，教師と日常的にコミュニケーションをとっていることが分かった。

「会ってコミュニケーションをとる」（42／88人　47.7%）

・**個人面談でざっくばらんに何でも話す**ようにする。

- 個人面談でじっくり話すようにする。
- 懇談会や面談になるべく出席して，先生の話を聞く機会を増やしている。
- なるべく学校行事に参加するようにしている。
- 学校で会った時など声を掛ける。
- 自分から挨拶をする。
- 教師の立場を考えながら，日々相談している。
- 敬語で話をする。
- 優しく（柔らかに）伝える。
- （疑問におもったことなど）直接話しかける。
- 連絡を密にとっている。
- 先生の考え方を聞くようにしている。

　できるだけ個人面談や懇談会・保護者会に参加するようにして，会ってコミュニケーションをとるといった意見も37／88人（42.0％）あった。家事や仕事等で忙しい中，子どものためとはいえ，教師との関係を考え，わざわざ学校まで足を運んでくれていることが分かる。

　個人面談は1人当たり10分程度の学校が多いのではないか。たった10分ではあるが，そのためにスケジュールを調整して来校してくれる。教師は1日当たり，多い時には10人程度の保護者と面談を行う。

　教師にとっては10分×35人と考え，やってもやっても終わらない感があるが，保護者にとっては貴重な10分となることを考え，しっかり対応策を立てて行う必要がある。

「その他」（12／88人　13.6％）
- 子供の前では教師の悪いところを言わない。
- 不満があっても子供には言わない。子供が不本意と思っていても，話を聞きつつポジティブにとらえさせる。
- 多少気になることは多目にみる。

・子供が気にしていないようであれば，気にしないようにしている。
・心の余裕をもつ。
・我が子がお世話になっていると感謝の気持ちを持つこと。
・クレーマーにならないようにする。
・学童の先生（第三者）と担任との３人で話し合うようにしている。
・子供から先生の良いところ悪いところ，何でも聞くようにしている。
・主人に協力をしてもらい（私はフォロー側），親の考えをきちんと伝えている。

　教師と保護者との信頼関係を築くための先行研究で，藤本（2012）が「子供の前に関わる大人の悪口を言わないなど，ルールやマナーを共有すること」を述べている。

　今回のアンケートでも，教師の悪口を子どもの前で言わないようにしている保護者がいることが分かった。苦情や不満をストレートに伝えてくる保護者もいれば，上記のその他を見ると，多少の不満には目をつぶり，教師の味方になってくれている保護者がいる。ついつい，苦情や不満を伝えてくる保護者ばかりに目が行きがちだが，大多数の保護者は何も伝えてこないので，正直どう思っているのかが分からないが，少なくとも，見守ってくれている。

　家の玄関を出た後は，児童の様子はほぼ分からない。学校で起きたことをよく話す児童ならば保護者も手に取るように分かるかもしれないが，家では何も話さない，もしくは，あまり会話をする時間がない家庭も多くあるのではないか。

　だからこそ，できるだけ学校が情報を発信する必要がある。少しでも分かってもらえるような工夫が必要である。集金だとか行事の日程だとか，事務的な連絡以外の情報も保護者と共有していきたい。

　児童の成長を共に願う立場として，イメージする教育像を保護者と共有していきたい。それは勉強だけではない。生徒指導に関わる，挨拶や返事，姿勢，掃除，給食など，その内容は学校で指導する内容全てに関わってくる。

保護者との信頼関係を築く「広報」との出会い

コミュニケーション戦略こそ広報！

　私は，保護者との信頼関係を築くための学びを深めたく，大学院進学を考えた。教師になるために教員免許が必要となる。しかし，教員免許取得のための教科，科目に「保護者対応」について学ぶ機会はほぼない。

　教育学部ではなかなか学びを深めるものではないと感じた。そもそも，信頼関係の構築とは，コミュニケーションだと思った。

　インターネットの普及により，情報が簡単に，瞬時に拡散できる便利な世の中になった。コミュニケーションの形も2000年からのここ20年で大きく変化した。一人一人がスマートフォンを手にする時代となり，個人と個人が簡単に連絡を取り合うことができるようになった。

　そして，なによりも一人一人がメディアとなった。一個人の情報をブログやインスタグラム等を使い，世界中の人々に届けることができるようになった。情報発信の仕組みが大きく変わった。インターネット上で不平，不満，感謝，喜びを不特定多数の人に投げかければ，知り合いだけでなく，誰だか分からないネットの中だけで繋がっている人物からもアドバイスをもらえる。

　児童も保護者もスマートフォン等を使い，誰でも簡単に，インターネットの世界で繋がれる時代だ。保護者から保護者へと SNS を使ってすぐに情報が拡散される。今までは言いにくかったことも簡単につぶやけるようになった。急速な時代の変化に伴い，学校の情報発信の仕方も少しずつ変化させていかなくてはならない。

　まず，自分の進学先が決まるのではないかと期待を込めて，本屋さんのコミュニケーション関係の本棚に足を運んだ。様々な本が並んでいた。最初に目にしたのが，恋愛について書かれた本のコーナーだった。数冊立ち読みを

すると，学校にも応用できそうなテクニックが紹介されていた。

「もてる3か条」「この夏！！あなたに最大のモテ期到来」等のポップや見出しで溢れる恋愛本コーナーから私が大量の本を購入する姿は，恥ずかしくもあった。しかし，そこには言葉の持つ力がたくさん書かれていて勉強になった。

数十冊の恋愛本を読み漁った。恋愛本の著者はホステスやホストで№1を経験された方が多い。生きる世界は違えどもコミュニケーションの達人だ。お客さんをいかに気持ちよい気分にさせて帰すか。そして，また足を運びたくさせるか。もちろん，教育現場と飲み屋の話をリンクさせることに違和感を持つかもしれないが，恋愛学から学べることは多いと私は思った。

ますます，どこで，誰に，何を学べばよいのか分からなくなってきたところで，各大学院のHPを検索した。そこで出会ったのが広報だった。多くの企業，自治体はコミュニケーション戦略の重要性を認識し，広報の専門部署を設けている。広報部は，ステークホルダーと呼ばれる利害関係者（顧客，株主，取引先，地域社会，従業員等）に対してどのように情報を流し，自社の理念や考えを理解，浸透させるかを考えている。また，何か起こった時のリスク対応や記者発表等も広報部が行っているところが多い。

まさに，広報を学び，その学びを実践することで，学校現場が抱える問題の解決の糸口になるのではないかと考えた。

ただ，情報を流せばよいのではない。情報をどのように，いつ，誰が流すのか。情報を受け取る側に立ち，考えていく。お互いによりよい関係を築くためのコミュニケーション戦略こそが広報だということを知った。しかも，日本で唯一の広報の専門職大学院が開校することを知り，夜間と休日を使って学び深めていくことになった。どの授業も実践的で，院生同士のディスカッションを中心に広報の力で成功している企業，自治体の成功例の研究成果を聞き，自分の仕事に一人一人が置き換える2年間を過ごした。

第2章

保護者との信頼関係を築く！
実践的「広報」
メソッド

教師編

教師のブランディング

　保護者は，実際に学校生活を見ることが少ない。児童の話す言葉が，子どもの通う学校生活を想像させる素材となる。児童の口からよい口コミが広がることを意識した指導を心掛けていきたい。

　例えば，多くの人がスマートフォンを手にしているこの時代，土地勘のない場所へ行っても自分に合った美味しいラーメンを食べることが容易になった。スマートフォンで簡単に検索できるようになったのだ。お店のホームページを見るよりもそのお店で食べたことのある人がつけた点数や書き込みを見て，入店を決めればよい。インターネットの世界においても口コミの持つ影響力は大きい。一昔前の2000年頃は情報雑誌を買って，その情報をもとに店を探していた。しかし，現在は一人一人がメディアとなり，様々な情報を発信し，不特定多数の人がその情報を見られるようになった。

　だからこそ，ラーメン屋さんも口コミを上げようと各店舗で工夫を凝らしている。例えば，来店したことを SNS 上で書き込んでくれれば，玉子サービスや大盛りサービスといった特典をつける店もある。また，インスタグラムの流行により，写真写りを気にした商品の開発をする店もある。いわゆる「インスタ映え」を狙っている店も少なくない。

　ラーメンで言えば大きめのチャーシューをのせたり，スープの色や油の量を工夫し，食欲をそそるようなものにしてみたりと，ついつい写真を撮って投稿したくなるようにしている。多くのラーメン屋が口コミに力を注いでいる。

　教師も児童の口コミがよいものになるように力を注ぐことが求められる。ただただ甘やかしていてもよい口コミは続かない。児童や保護者に迎合した

教育ではなく，ついつい人に話したくなる仕掛けをこちらが用意していく。

　カジュアルブランドのユニクロと言えばみなさんはどんなブランドイメージを持っているだろうか。

・値段の割に質がよい
・シンプルなデザイン
・カラーバリエーションが豊富……etc

　人によって違いはあるかもしれないが，消費者が持つブランドイメージとユニクロが消費者に持ってもらいたいブランドイメージを一致させるために，何かしらの企業戦略をもって商売をしている。

　ユニクロだけではない。人々からどう思われたいかというブランドイメージをどう根付かせるか。ただ安いからという理由では売れなくなっている世の中において，似たような商品とどう差別化し，自社の商品を消費者に届けるかが鍵となっている。

　教師も，児童や保護者からどう思われたいかを意識して，自分自身をブランディングしていく必要がある。「○○先生はこんな人」といった教師のブランドイメージの構築を考えていきたい。

　ブランドイメージはこちらが狙ってつくっていく。そのために最初に考えることは，自分の強みは何かに気付き，実践していくことだ。自分の強みを前面に出し，児童や保護者がその強みに気が付き，自然と「○○先生はこんな人」と口にするようにしていきたい。

　いきなり自分の強みは何かと聞かれても困る人も多いのではないか。しかし，そんなに難しいことではない。必ず強みはある。短所があれば長所もある。もしも，自分自身で見つけられないのであれば，普段から近くにいる職場の同僚や家族に聞いてみてもよい。凄い特技を持っていなくてもよい。「笑顔」だって教師として十分強みとなる。

児童にどう思われたいかを常に考えて行動，言動を考えていくことが重要な時代になってきたのだ。児童が教師をどう思うかが，そのまま口コミとなって広がることを考えてほしい。行動や発言が変わってくるはずだ。

　保護者と児童の会話について「115人保護者アンケート」を行った。
　「子供と学校の話をしますか。」の項目では，113人（98.3%）の保護者が「話をする」と回答した。

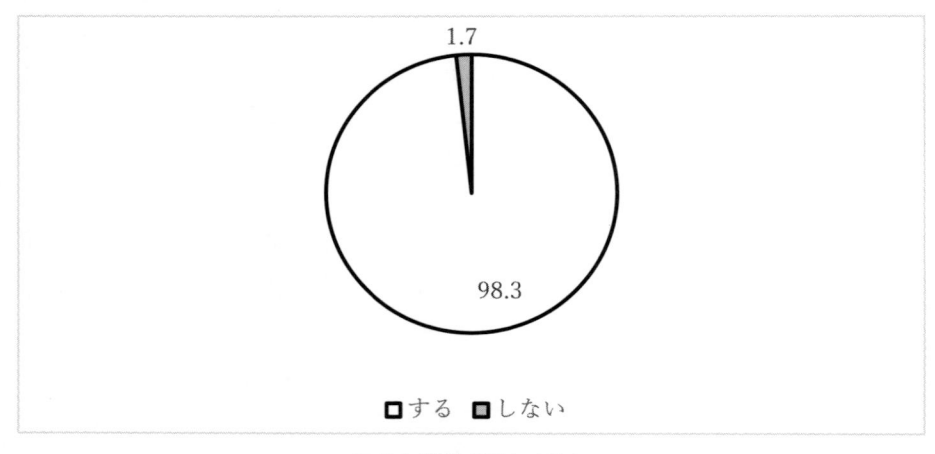

1.7

98.3

□する　■しない

子供と学校の話をするか

　「話をする」と回答した保護者113人に「家庭でよく話す内容」を複数回答可とし，
・友達のこと
・行事のこと
・勉強（授業）のこと
・担任のこと
・担任以外の教師のこと
・その他
と６つの項目で当てはまるものに丸をつけ，「その他」の場合は記述式で回答してもらった。

その結果，

「友達のこと」101／113人（89.4%）

「行事のこと」74／113人（65.5%）

「勉強（授業）のこと」59／113人（52.2%）

「担任のこと」57／113人（50.4%）

「担任以外の教師のこと」8／113人（7.1%）

「その他」流行，給食，持ち物，その日の出来事と1人ずつが回答した。

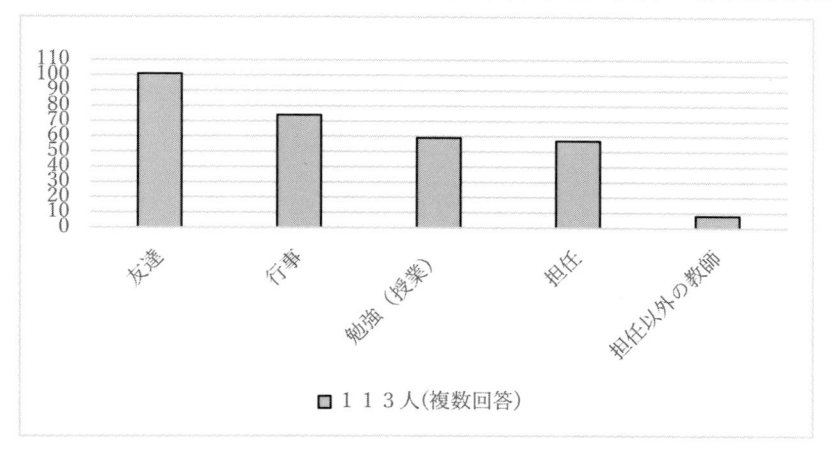

家庭でよく話す内容

　多くの児童が保護者に対して，学校のことをよく話すことが分かった。話す内容としては，「友達のこと」が最も多かった。学校のことを話す児童の約半数が「担任」についても話していることも分かった。

　児童が保護者に何を話すかによって，学校や教師への印象が大きく変わってくる。だからこそ，こちらからの積極的な働きかけで，保護者とのよりよい信頼関係を築けるようにしていきたい。先手の布石を打っておくことは重要であると考える。

ブランドイメージの調査

　児童に先生を一言でどう思っているかを聞く。その際は，紙に書かせる。自分で書いたことは，頭の隅に残る。もしも保護者に，担任の先生について聞かれた場合，その書いた一言かそれに近いことを言う可能性が高い。調査を継続して行うことで，最初は書けなくても，段々と書けるようになってくる。

　みなさんの学級の児童は何と答えるだろうか。また，教師として児童にこう思われたいという教師側の考えと，児童が実際に思う教師の考えはどれだけ同じだろうか。

　今回，本学級（2年生）で調査を行った。初めの出会いから段々と慣れてきた4月と，運動会が終わり暑くなってきた6月，夏休み後の9月，冬休み前の12月と4回，アンケートを実施した。

　児童へのアンケート項目は下記の3つとした。

・自分のこと「○○私」

・学級のこと「○○学級」

・教師のこと「○○先生」

　教師だけでなく，自分自身と学級のことも振り返るようにした。

　一人一人に自分と学級のよさを，マイナス思考ではなく，ポジティブ思考で定期的に振り返らせていく。どうしてもプラスの意見が生まれない児童がいた場合は，「考え中」と書くように伝える。1年間を通して，プラスの見方や考え方ができる思考へと導いていく。

　小学生は，マイナスの発言や行動に目が行ってしまうことが多い。その視点を変え，プラスの発言や行動を見つけるようにしていく。教師も同じだが，どんな児童も必ずよいところがある。それを見つけて伸ばしてあげる教師が一流の教師で，ダメなところを見つけて指導ばかりしている教師は二流の教師であると考える。また，必ず児童は認められたがっている。

学級男子18名，女子13名，計31名の２年生に調査を行った。

4月18日（水）（31人）「○○私」

- ・「面白い」「友達がいる」（各３人）
- ・「けん玉がうまい」「野球が好き」「電車が大好き」「本が好き」「スポーツが得意」「サッカーが好き」「バスケットが得意」「絵が得意」「足が速い」「ゲームが好き」「楽しい」「大きい」「早起き」「優しい」（各１人）
- ・「考え中」（11人）

（考察）

　何と書いてよいのか分からない児童が多くいた。自分のよさに気が付かせていきたい。自分のよさを知ると，友達のよさにも気が付けるようになるのではないかと考える。また，自分の魅力や特技を改めて文字にして書くことで，一人一人の自信にも繋がると考える。自分のこととなると書きにくいことも分かった。

6月27日（水）（31人）「○○私」

- ・「楽しい」（４人）
- ・「掃除がうまい」「友達が多い」「遊ぶのが好き」（各３人）
- ・「優しい」「相撲が強い」（各２人）
- ・「係の仕事を頑張る」「面白い」「マジックが好き」「よく笑う」「スポーツが得意」「挨拶ができる」「返事が得意」「ごみを拾う」「友達を大切にする」「声が大きい」（各１人）
- ・「考え中」（４人）

（考察）

　「サンキューカード」を毎日書き合う時間をつくり，友達のよさを伝える活動を続けた。自分のよさとは何かを毎日，友達に言われる環境をつくった。

　４月の時よりも自信を持って書いていた。友達から自分のよさや頑張りを応援，励まされ続けた結果ではないか。「考え中」と答える児童が11名から

4名に減った。

9月5日（水）（31人）「○○私」

・「楽しい」（6人）
・「優しい」（4人）
・「面白い」「日焼け（真っ黒）」「遊ぶのが（大）好き」（各3人）
・「学校が好き」「返事が上手」（各2人）
・「ゲームが得意」「笑顔」「挨拶ができる」「掃除ができる」「友達が多い」
　「お笑いが好き」「カラオケが好き」「本が好き」（各1人）

（考察）

　まだ夏休みの雰囲気が残る中，クーラーもなく汗が止まらない暑苦しい教室で，自分自身を振り返った。特に何も言わずに，4月，6月同様に調査を行った。

　日焼けなど夏ならではの回答があった。久しぶりに自分を振り返って「楽しい」が増えた。その月々の行事や季節で，自分を表現する言葉が変化していくことが分かった。

　「考え中」と答える児童が4月は11名，6月は4名，9月は0名になった。この調査を通して，自分自身について振り返り，考えるきっかけとなった。友達と普段から「サンキューカード」を書き合ったり，教師もよいところを褒めたりしたことで，自分のよさや自分についてプラスの考えが生まれている。プラスの表現ができるようになってくることが，口コミに影響すると考える。

12月5日（水）（31人）「○○私」

・「元気」（6人）
・「優しい」「計算ドリルを頑張る」（各4人）
・「笑顔がすてき」（3人）
・「楽しい」「友達と仲良し」（各2人）

・「力が強い」「野球が好き」「電車が大好き」「スポーツが得意」「挨拶」「声が大きい」「変な」「よく食べる」「ゲームが好き」「掃除ができる」（各1人）

（考察）

活動の度に，よいところを言い合い，自分のよさに気付かせるようにした。今回も「サンキューカード」の影響が大きい。友達からもらったカードに書かれている言葉を使っている児童が多くいた。

計算ドリルを頑張っている児童は，その頑張りをストレートに書いてきた。この4人は，計算ドリルを頑張っていることを家でも話し，保護者にも伝えていることが個人面談で分かった。

「元気」と答えた児童が一番多かった。教師自身が「元気」な先生と言われるように指導を行っていたが，児童自らが「元気」と書いてくるとは思わなかった。教師が「元気」と思われるように児童と接していた結果であることが推測される。

続いて学級のイメージ調査結果だ。

4月18日（水）（31人）「○○学級」

・「相撲が強い」（5人）
・「リレーが強い（速い）」（4人）
・「頑張る」「楽しい」（各3人）
・「考え中」（8人）
・「笑える」「友達がいる」「面白い」「2年生になった」「遊ぶ」「できる」「わいわいな」「嬉しい」（各1人）

（考察）

改めて学級を一言で表すことで，一人一人が学級をつくる主人公であり，自分たちでどんな学級をつくっていくかの意識をさせた。

1年生時と学級は変わっていないため，1年生時の学級の雰囲気や文化が色濃く出ていた。学級対抗リレーで1年生の時に女子が優勝したり，学級対

抗相撲大会で1年生の時に男女で優勝したりと，成功体験の経験が学級のよいところ，自慢するところになっていた。「○○私」よりも考え中が少なかったが，8人はいきなり「○○学級」と言われても書く言葉が見当たらなかった。

6月27日（水）（31人）「○○学級」

- 「楽しい」（12人）
- 「面白い」「友達が多い」（各4人）
- 「相撲を頑張る」「遊びが大好き」（各3人）
- 「発表（授業中）を頑張る」「掃除を頑張る」「挨拶ができる」「返事が上手」「学級づくり（係活動）がうまい」（各1人）

(考察)

　学級の友達との仲が深まっている。私も楽しい学級を目標に1学期は指導していたので，「楽しい学級」と書く児童が4月では3人だったのが12人と，9人も増えていた。学級を楽しいと言えるようになってくれれば，学級の口コミもよいものへと変わっていくと思う。

　4月と比べると「考え中」が1人もいなくなった。

　また，掃除や挨拶，返事といった普段の学級経営で私が大事にしているところを書く児童も出てきた。

9月5日（水）（31人）「○○学級」

- 「楽しい」（22人）
- 「面白い」（4人）
- 「友達がいる（多い）」（2人）
- 「大声」「挨拶を頑張る」「遊ぶ」（各1人）

(考察)

　教師も児童も夏休み明けで，心も体もまだ休みモードが抜け切れていない。学習カルタを使うなどゲーム的な授業で，学校が楽しいと思ってもらえるよ

うに心掛けた。なにしろ暑い教室であり，室温は黒板の下（日陰）で33度まで上がった。窓際の日光が当たる場所は，もっと高い数値となる。

　6月には12人（38.7％）だった「楽しい」が22人（70.9％）と急増した。また，4月や6月には色々な言葉で学級を表現していたが，「楽しい」が増えたので，言葉の種類が少なくなってきた。

12月5日（水）（31人）「○○学級」

・「楽しい」（24人）
・「優しい」「面白い」「元気」「愉快」「にぎやか」「先生が好き」「掃除ができる」（各1人）

（考察）

　教師が場を盛り上げるのではなく，よいと思ったことは自分から行うことを常に言い続けた。同じように自分たちがどんな学級をつくりたいかを常に考えていくように伝えてきた。

　2年生ではあるが，考えて行動できる児童が増えてきた。自分たちでお楽しみ会を計画するなど「楽しもう」としている児童が多くいたので，「楽しい」が増えたと考える。

　続いて担任のイメージ調査結果だ。

4月18日（水）（31人）「○○」先生

・「楽しい」（16人）
・「面白い」（6人）
・「相撲が強い・相撲」（5人）
・「でかい・大きい」（3人）
・「足が速い」（1人）

（考察）

　児童と出会ったばかりなので，「楽しい・面白い」教師を目指した。児童

から今年の先生は「楽しい」や「面白い」と言われる教師であるために，授業にゲームを取り入れたり，笑顔で児童と接したりするよう特に心掛けた。

　私が目指した「楽しい・面白い」を答えた児童を合わせると，70%を超えた。スタートダッシュは成功した。最初は私も児童も，まだ仲が深まっていない状態なので，ここからが本当の勝負である。「楽しい・面白い」と思われたことは口コミの観点から考えてもプラスに働くと考える。見た目や私の経験（相撲）を答えた児童も約25%いた。

6月27日（水）（31人）「○○」先生

・「楽しい」（13人）
・「優しい」（10人）
・「面白い」（5人）
・「踊りがうまい・踊る」（2人）
・「ゴリラ」（1人）

（考察）

　大運動会，小運動会，体育研究授業，水泳学習があり，体を動かす場面が多くあった。体を動かす中で学級に必要な力として，けじめやメリハリがある。だからこそ，こちらが厳しく指導する場面が生まれやすい。そこで，厳しい指導にならないように事前の声かけを大切にした。体育館に行ったら4列で並んで姿勢よく座って待つ。できたら声を大にして褒めた。

　4月にはなかった「優しい」が出てきた。私が目指したものとは違った。なぜ「優しい」が出てきたのかを考えると，体育科の授業を通して児童のやる気を引き出すためにたくさん褒めたり，応援したりした結果ではないかと推測される。

9月5日（水）（31人）「○○」先生

・「面白い」（20人）
・「優しい」（6人）

・「楽しい」（3人）

・「筋肉マッチョ」「自慢」（各1人）

(考察)

　教室にクーラーがなく，蒸し暑く，夏休みボケが私自身にも残る中，4月と同じように「楽しい」や「面白い」教師を目指し指導を行った。2学期に向けて明るい気持ちになれるよう楽しく面白い授業を心掛けた。

　「面白い」と「楽しい」の言葉の定義もなく，児童は特に使い分けていないと考えるが，「楽しい」が極端に減り，「面白い」が劇的に増えた。保護者からも先生が「面白い」と言っていますと廊下での立ち話で言われた。児童が家での私の話の中で，「面白い」と言ってくれていることが分かった。

12月5日（水）（31人）

・「面白い」（15人）

・「優しい」（4人）

・「かっこいい」（3人）

・「筋肉マッチョ」「楽しい」「かわいい」「かっこよくて面白い」「かわいくて優しい」「面白くて走りが速い」「かっこよくて，すてきで面白くて優しい」「かわいくて，楽しくて面白い」「かっこよくて，優しくて面白くてクリスマスプレゼントをなしにしても担任になってくれるならなってほしいぐらい良い」（各1人）

(考察)

　今まで「楽しい・面白い」が常に高い割合を占めてきた。2学期は特別な行事に音楽集会，町探検，マラソン大会，体育授業研究会があった。

　「○○な先生」という問いだが，12月になり，一言ではなく複数の言葉を連ねて書く児童が6人（19.3%）いた。そして，「かっこいい」「かわいい」という新しい単語が生まれた。

　4月から見ていくと，「面白い」「楽しい」教師のイメージが強く，休む時間もできるだけ子どもとグラウンドを動き回ったことで，「かっこいい」と

いう言葉を導き出した可能性もある。「かわいい」については，不明ではあるが，私を一言で言うことに面白さを感じていることが分かる。

　12月の個人面談で，「かっこよくて，優しくて面白くてクリスマスプレゼントをなしにしても担任になってくれるならなってほしいぐらい良い」と書いた児童の保護者から，サンタクロースからのクリスマスプレゼントがなくてもよいから来年度も担任になってほしいと言っていましたと話があった。児童が教室で書いた言葉がそのまま家庭で使われていた。

　また，個人面談で保護者から授業や学校，先生が「面白い」「楽しい」と言っているという言葉を31人中20人（64.5%）から頂いた。児童が「〇〇な先生」のアンケート項目で書いた「面白い」「楽しい」という言葉が口コミとして広がっていることが分かった。

　私が，児童にどう思われたいかを考えながら児童と向き合ったことで，自分自身の発言や行動が変わった。一言で言うと児童への接し方が変わり，児童との関係もよくなっていると実感した。

　教師一人一人の強みは何なのか。その強みを使って学級経営していくことで，「うちの先生は〇〇が大好きで，超詳しいよ」といったイメージを持たせていく。自分は小学校教師として何が優れているのか，何が得意なのかが分かり，そのことをどのように子どもに伝えていくのかを考えていく必要性を改めて感じた。

　特に小学校は，中学校や高等学校と違って，基本的には全教科を教えるので，専門教科をもたないことが多い。専門がないと，先生は何が得意だったのかが分からないまま1年が終わることもある。先生も自分の強みに気付いていなかったり，強みを前面に出さずに子どもに伝わっていなかったりする。小学校教師一人一人の強みを前面に押し出していってほしい。

　私の場合，最終的に学級全員が前向きなことを書いてくれた。逆に言えば，私は一人一人が前向きに書いてくれるように日々の学校生活を送った。

　「〇〇な先生」と書いてほしいという目標を持って，児童と接した。ただそれだけではあるが，そのことはとても大切な教師のブランディングの第一

歩なのだ。自分がどう思われたいか。そのために自分は何をしなくてはならないか。どうしたら，そのように思われるか。

　実際に，児童にアンケートをとることで，見えてくる。児童はこう思っているだろうという推測だけではダメである。それでは分からない。分からないだけでなく，よりよい口コミには繋がらない。何度も本書で話しているが，自分で決めて，自分の言葉で書かせることが大切なのだ。

　「面白い教師」と思われたければ何が必要か。
・授業での面白いネタや豆知識
・休み時間での会話
・学級レク
・マジックを披露し，児童にもマジックを教える……etc
と色々と作戦は考えられる。その作戦を考えていくと自分の強みやよさが見えてくる。

　絶対にやってはならないのが，「面白い」と自分で言ってしまうことだ。自分自身でハードルを上げてしまう。例えば，ハンバーグを食べに行った時に「美味しいですよ」と店員に言われれば言われるほど，「別に……そこまで……」と言いたくなる人も出てくる。そうではなく，「美味しい」と思わせるために何をするかを考えなくてならない。

児童編

質問じゃんけん

　質問じゃんけんとは，自由に歩かせ，目が合った人とじゃんけんをして，勝ったら質問，負けたら答える形式で，朝の会や帰りの会で2分以内にどんどん交流をさせる。

　質問項目はこちらが決める。教師のブランドイメージで調査をしていた3つ（自分のこと「○○私」，学級のこと「○○学級」，教師のこと「○○先生」）も時々聞いた。

　他には，下記のような質問を用意した。

「今日は誰と遊びましたか。」「優しい友達は誰ですか。」

「面白い友達は誰ですか。」「挨拶が上手な友達は誰ですか。」

「楽しい学級をつくるのに必要なことを1つ答えよ。」

「友達の多い学級をつくりたい。○○さんにできることを1つ答えよ。」

「仲のよい学級をつくるのに大切にしていることを1つ答えよ。」

　多くの児童が段々と答えられようになってくる。ここで無理に答えさせずに，分からなかったり，思いつかなかったりしたら，アンケートと同じで「考え中です」と答えるようにした。何人かの友達と交流しているうちに，自分の意見が生まれてくることもある。教師も時々は中に入って一緒に行うが，みんなの意見を聞きたいからと言って，児童の答えを聞いて回る。

　例えば，「楽しい学級をつくるのに必要なことを1つ答えよ。」の時には，

「挨拶を元気に行う」「時間を守る」「悪口を言わない」「笑顔で過ごす」など多くの意見が生まれていた。

　「質問じゃんけん」をした後は，学級の仲がよくなり，前向きな気持ちになっているのが分かる。これも口コミに繋がると考える。

サンキューカード

　大人だってなかなか自分の強みは何かを聞かれても答えることはできない。まして，児童に自分の強みやよいところを聞くと，多くの児童が答えられない。実際に高学年で４月の学級開きに行うと，無回答が多い。水泳や習字，そろばん等の習い事である程度結果が出ているものは答えることができる。何か人に自慢できるものがあればよいが，ない人の方が多い。

　また，日本の文化かもしれないが，自分のよさを人にあまり伝えたがらないこともある。伝えたがらないと知らないは別物であり，知らないでは自分の強みやよさを最大限に発揮することができない。言葉で言うのは簡単だが，自分の強みやよさを発揮できる教室にしたい。

　まずは，自分の強みやよさを見つけやすい環境づくりを行う。一番やってはいけないことは，「自分で気が付きましょう」と強引に強みやよさを絞り出そうとすることだ。

　最初は自分ではなく，友達のよさに気が付かせる。そして，そのことを伝え合う。そこで，自分のよさに気付かせていく。よい行いを自ら行った児童はもちろんみんなの前で褒めるが，よい行いをした児童を見つけてアクションを起こした児童が褒められるようにする。普段から友達のよさを言い合うことで，自然とあたたかみのあるよい口コミへと変わってくる。

　実際に数人の保護者から家での会話で友達や先生の話が増えたという感想をもらった。今まで，学校の話はあまりしない方だったのだが，するようになったという意見ももらった。

　友達のよさに気付かせる方法はいくらでもある。ここで紹介する３つの実践は，友達のよさを見つけるだけではなく，児童の口コミを考えたものである。

　３つの内２つは，2017年の秋に出版した拙著『「ありがとう！」があふれる幸せなクラスづくり大作戦』（明治図書）に詳しく書いた「サンキューカード」と「学級づくり」だ。

◆「サンキューカード」

　一言で言えば，友達のよいところや頑張っているところなどを紙に書いて渡す活動だ。学校でも書く時間をつくり，できるだけたくさん書かせるが，それを宿題としても出す。サンキューカードの用紙を数枚持ち帰り，家で友達へ手紙を書く活動を行う。

　保護者には，学校で学ぶものは教科や掃除，給食の配膳等だけではなく，人間関係，友達づくりという学校でしか学べない大切なものがあることを懇談会・保護者会等で最初に伝えておく。習い事のサッカーや野球チームの中でも人間関係や友達づくりは学べるかもしれないが，そこに集まってきたメンバーと学級のメンバーは違う。習い事のメンバーはある共通の目的や目標を持って集まってきている場合が多い。学級はそうではない。色々な友達がいる。勉強ができる。スポーツが得意。読書が好き。目立つことが好き。それらの逆も言える。たくさんの苦手なことを持つ友達もいる。

　せっかく学級の仲間になったのだから，1人でも多くの友達をつくっていくことの大切さを保護者に伝えておく。特定の趣味嗜好が合う2，3人と仲がよくなるのは簡単だが，たくさんの友達をつくるのはそんなに簡単ではないことも伝える。子どものうちに人と人が仲良くなる経験をさせる大切さを保護者と共通理解させておく。

　自分で自分のよさに気が付けといっても難しいが，友達が書いてくれる言葉を見て，自分のよさに気が付くことはできる。しかし，よいところや頑張っているところが見つけにくい子どもはどうしているのかとよく質問される。

　答えは，「不登校状態が続いている児童以外は見つけられる」だ。サンキューカードを友達に1枚でも書ければ，それは強みでありよさだ。友達のよいところを見つける力がある。学級の全員が書いていることだから，それでもよいのかと疑問に思う人もいるかもしれないが，全員が書いているから当たり前ではない。

　小さなところを突破口に大きな花が咲く場合がある。

　実際に，高学年で宿題もやってこない忘れ物も多い女子がいた。しかし，

１枚のサンキューカードを書いてきた。私はその子を呼び出し褒めに褒めた。彼女は翌日数枚書いてきた。その後，「彼女＝サンキューカード」と代名詞になるぐらいたくさんのカードを毎日書いてきた。すると，彼女も毎日のように「サンキューカードありがとう」と書かれたカードをもらうようになった。そして，段々と彼女のよいところも見つけてもらえるようになり，たくさんのカードが彼女の手元に届くようになった。

　最初は，彼女がたった１枚書いてきたサンキューカードだったが，みんなも書いているから当たり前として流してしまったらそれまでだった。

　特に子どもは演じることが得意の役者だ。また，みんな認められたいと一人一人どこかで思っている。字が丁寧と言われれば，丁寧な字を書くことを演じる。優しいねと声をかければ，自分は優しい子だと自覚し，それを演じる。演じると言うと語弊があるかもしないが，演じているうちに段々，言われなくてもそうなってくることが多い。挨拶が上手だねと言われれば，挨拶を最初は意識して頑張るが，段々，頑張らなくても自然と挨拶名人になっていく。

　人から言われることで，自分のよさに気が付く。気が付くだけではない。自分という人間をつくっていく。友達や教師の言葉かけ１つで，よい方向へよい方向へと成長していく。

　全くもって逆も言える。いつも怒られている児童は，怒られることを演じる。わざとみんなの前でダメな自分を演出する。また注意される。気が付けばダメなレッテルが貼られ，友達や先生からは一目置かれる存在となる。演じるつもりはなく，自分自身もそのダメなレッテルを背中にしょって１日を過ごす。その児童の発する言葉は予想できるだろう。マイナス発言のオンパレードだ。「うぜぇー」「死ね」「むかつく」「馬鹿」「アホ」……。

　だからこそ，普段からたくさんサンキューカードを書かせ，お互いを認め合う素晴らしさを伝えていく。保護者とのよりよい人間関係を築くための広報の視点で言えば，家でも書かせることがポイントだ。また，学級通信の話題でも触れるが，サンキューカードをたくさん学級通信で紹介していく。

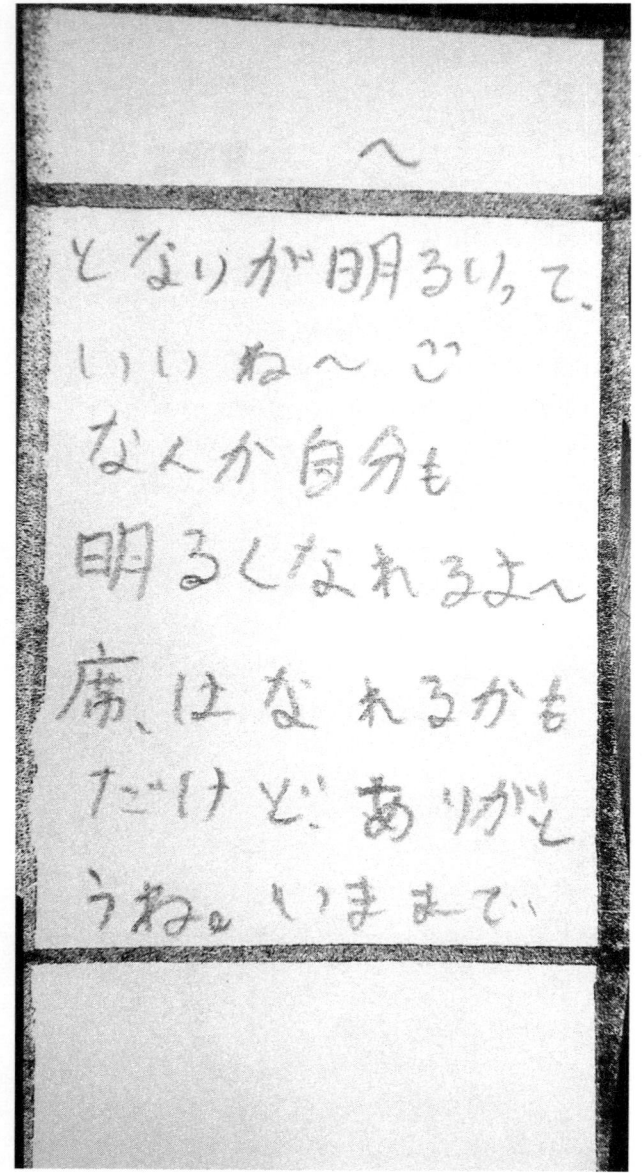

1段目
友達の名前を書く。

2段目
友達へのメッセージを書く。
女子が男子に席替えの前に
書いたカード。

3段目
自分の名前を書く。

サンキューカードの例

2つ目の学級づくりは，一言で言うと「係活動」だ。定期的に朝の会や帰りの会で，5〜10分程度時間を決めて行う。係活動の時間をつくって一斉に行っている学級は少ないが，毎日数分，時間をとってあげることで，係活動が充実する。

　一人一役の係活動が終わると，次は自ら進んで仕事を見つける。自分の仕事が終われば終わりではない。学級をみんなでつくっていく。

　そこでのルールは，何か仕事をする時は「○○します」と宣言をする。黙って係の仕事をしない。その宣言を聞いた仲間は，「ありがとう」か「手伝います」と言う。この学級づくりを成功させるには，3つのポイントがある。

　1つ目は，自分の身の回りが整理整頓できるようになった児童から学級づくりを行う。まずは，自分自身の机の中や廊下に掛けている体操服等が整った状態になっている児童が，みんなのために動き出すようにさせる。

　2つ目は，宣言する大きな声を誰もが出せる環境にしていく。みんなの前で大きな声を出すことに抵抗のある児童もいる。しかし，小さな声では，周りに聞こえず，「ありがとう」や「手伝います」の返答がもらえない。もしも小さな声で「○○します」と言っていたら，それを聞いた大きな声を出せる友達が「○○さんが○○しています」とお助けをしてあげるようにしておく。最初は友達に助けてもらっていた児童も，段々声が出せるようになる。

　3つ目は，仕事を見つけられない児童への指導だ。最初に地味だが重要な仕事の大切さを伝えておく。これも児童に聞けば出てくることが多い。児童はどうしても掲示物作り等，物作りをやりたがる。

　・雑巾での床拭き

　・窓ガラス拭き……etc

　やればやるほどきれいにはなるが，あまり人気のない仕事を頑張る児童を評価していく。

　学級づくりの時間にサンキューカードを書くのもよいことを伝える。

　なぜ，学級づくりが保護者とのよりよい関係を築けるのか。学級づくりは，よい行いをしている集団としての意識が育つ。よいと思ったことを積極的に

行う集団は，マイナス発言が減り，プラスの発言，行動を繰り返し行っていく。

　なによりも一人一人の活躍場所が増える。そして，自分の強み，よさを知るチャンスが生まれる。

　自分の強みやよさに気が付き始めた秋頃から，自分の強みやよさを友達と一緒に紙に書いていく。もちろん，まだ書けない児童は無理矢理に書かせることはしない。一人一人の強みやよさは常に上書きされていくので，変化を続けていくものであることも確認する。

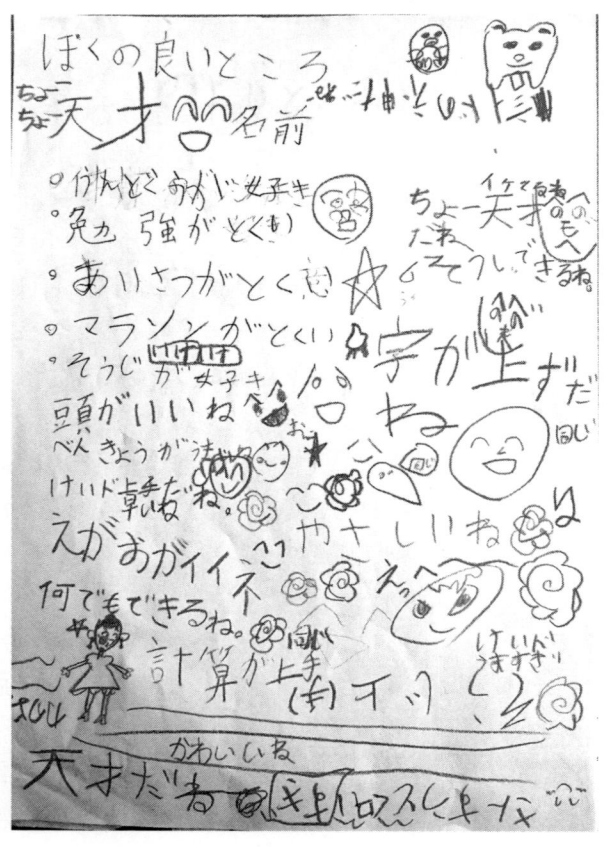

自分のよさを可視化していく

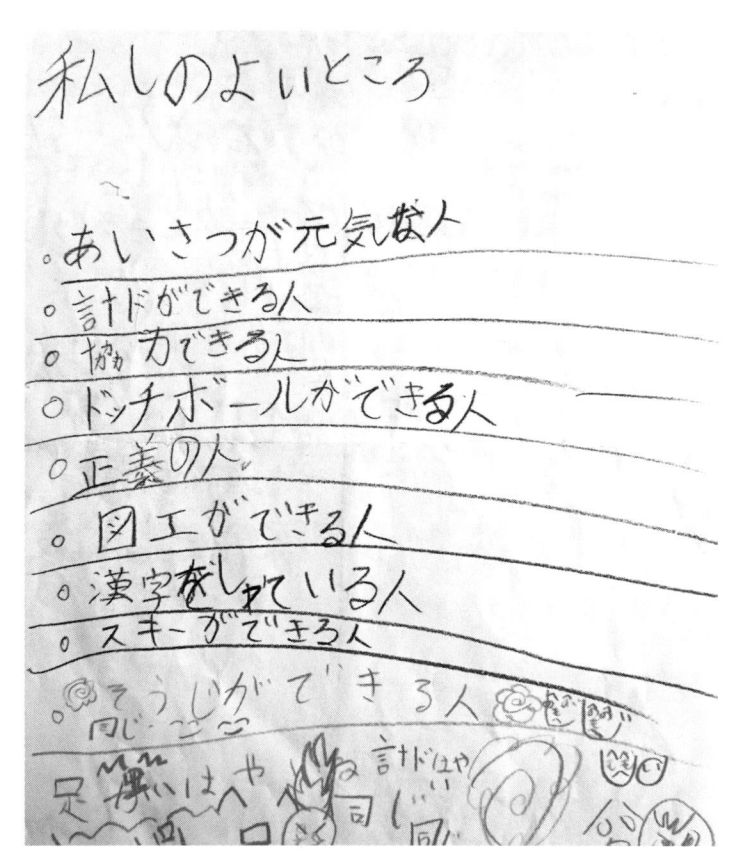

自分のよさが見えてくる

　最初に自分で見つけた強みやよさを書き出す。その後，友達からの付け足しをもらう。２年生ではあるが，自分のよさに気が付き書けるようになる。サンキューカードや普段のプラスの声かけを行ったことで，みんなに書き合える学級にしていく。

　もしも付け足すことがなければ，「同じ」と書くようにさせる。自分自身のよさを知り，そのよさを意識しながら学校生活を送らせることで，口コミもよくなってくると考える。

「できるようになった」「上手になった」を書き出す。1人ではなく，友達が書いているのも見ると，色々と出てくる。自分のよさと同じになるところもあるが，一人一人振り返ることができる。

　「できるようになった」「上手になった」ことを書く日を事前に伝えておき，探すようにしておく。自分自身の成長に気付かせることで自信にも繋がり，前向きな行動，言動に変わり，よい口コミへと変わっていく。

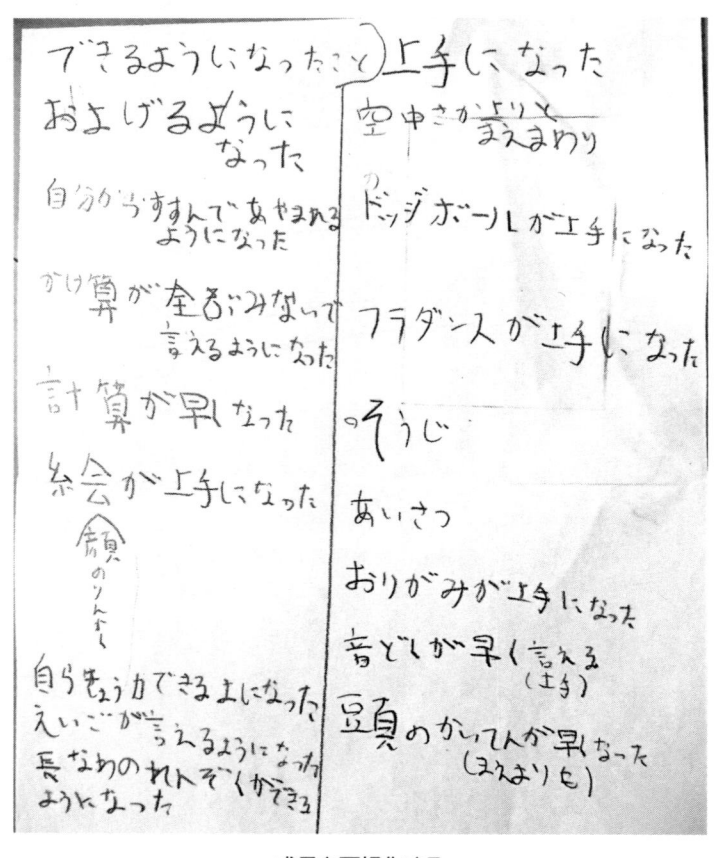

成長を可視化する

ビデオレター

　学級について1人10秒以内でコメントを動画撮影し，学級で見る。近年はどこの学校もICTの環境が整い，簡単に見ることができるようになった。

　夏までの1学期は「〇〇な学級をつくりたい」をテーマに一人一人がコメントをする。できれば理由や自分のできることを添えるように伝える。

　しかし，撮影に慣れていない児童は，カメラの前に立ちたくない場合もある。無理はさせないが，「〇〇な学級をつくりたい」と書いた紙やホワイトボードを書いて見せるだけでもよい。それもできそうになければ，友達と一緒に撮影を行うようにする。意外と多くの児童が緊張しながらも撮影は成功する。

　撮影した映像をみんなで見る時間は楽しい。自分が画面に出ると顔を隠す児童もいるが，楽しい雰囲気で見ることができる。ポジティブな言葉が次から次へとモニターから出てくるからだ。学級の中には数名程度，踊りながら言ったり，笑顔満面で言ったりと楽しい雰囲気での撮影を行う児童がいる。

　教師が目指す学級へと導くためにも，児童が同じ方向を向くことが大切である。ビデオレターもその確認の場となる。教師と児童のベクトルが合ってくることを目指す。自分で言ったり書いたりさせることで，目指す方向が決まってくる。

　例えば「みんなと仲良く」を学級目標に掲げる学級は，児童が「みんなと仲良く」を映像の中で言っているか。そこで，教師が「みんなと仲良く」を言うように伝えるのではなく，「みんなと仲良く」と自分たちで言えるように，具体的に何を指導してきたかが鍵となる。目標はどこの学級にもあるが，目標をつくって終わらないようにする。

　そして，普段から児童が「みんなと仲良く」を言い，そのためにできることを考えられる子を育てる。

　よい口コミを生むためには，普段からよいことを言ったり聞いたりする環境が大切である。

そのビデオレターを懇談会・保護者会で保護者に見せる。自分の子が学校でどんなことを考えているのかを見せることで，保護者へ安心感を与えることができる。児童にも，撮影前に保護者へも見せることを伝える。

　夏休み以降の2学期は，「今の学級」について紹介するビデオレターを作る。例えば「○組は○○な学級です。○○なよいところがあります。○○がブームです。○○を楽しみにしています」……色々と生まれるが，やはりここでも教師の持つ理想の学級を児童が共に目指しているかを常に確認する。

　冬休み以降の3学期は，「○組で学んだこと。そして，来年度は（も）○○な学級をつくっていきたい」等の1年間のまとめと来年度に向けての意気込みを伝えるようにする。

ビデオレターの1年間

・1学期はつくりたい学級像について
・2学期は今の学級について
・3学期は本学級での学びと来年度に向けて

という流れで撮影を行い，学級で見てから，その後同じものを懇談会・保護者会で上映し，教師と児童，保護者の3者の意見や考えをできるだけ同じにしていく。

　学級の仲がよくなり，時間をかけずに撮影ができるようになったら，ビデオレターを個人ではなく，グループ撮影で行っても面白い。グループに数分の考える時間を与え，すぐに撮影を開始する。もちろん，撮影日とメンバーを事前に予告しておき，ゆっくり考えさせておいてもよい。

活動報告書

実践例：５年国語科「活動報告書を書こう」

単元目標

・目的や意図に応じて，書く事柄を収集し，文章全体の構成の効果を考えながら書くことができる。

・事実と感想，意見などを区別すると共に，目的や意図に応じて簡単に書いたり詳しく書いたりすることができる。

・書いたものを読み合い，見出しに合った内容かどうか助言し合うことができる。

　上記の授業は多くの児童が書けるように，委員会活動など，学校での取り組みを書くことが多い。ここで，学級のよさや一人一人の強みを前面に出した活動報告書を書かせる。文章でまとめることで，よさや強みを再発見することができる。

　活動報告書で書きたいことを学級に聞く。

・サンキューカード

・学級づくり

・掃除

・給食当番……等

　１年間を通して，一生懸命行ってきた学級の活動が挙がる。その時に，児童が進んで書きたくなるような，力を入れてきた活動のある学級を目指す。休み時間の遊びだってよい。１年間，楽しくやってきたというものがある学級とない学級の差は大きい。児童のよい口コミをあげるためには，自分たちが自信を持って継続（短期間でもよい）してきた活動があるとよい。

　一人一人が「○○学級」とすぐに書ける学級の口コミは高くなる。どんなお店でも「○○店」と消費者の私たちがすぐに一言で言える店は口コミも高く人気がある。何かに特化していたり，工夫をしていたりする。

　また，活動報告書ができあがると１つの作品になり，家に持ち帰ることで，

保護者も目にすることができる。

活動方告書の表紙

　サンキューカードを書く児童は非常に多かった。手紙のやりとりを通して，学級の仲がよくなったことが伝わる報告文が多かった。

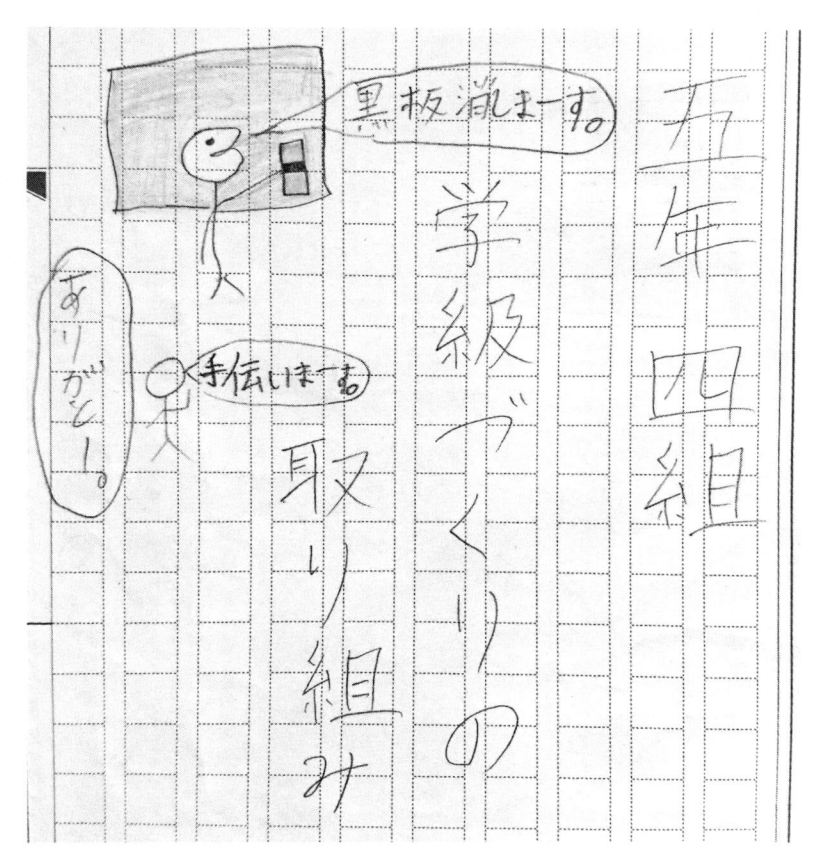

学級づくりの活動報告書の表紙

　サンキューカードの次に多かったのが，学級づくりだ。保護者からも学級づくりについてはたくさんの意見を頂いた。あるお父さんから「自分の整理整頓ができたら，学級のために働き，自分の係の仕事を終えたら，学級のために何をしてもよいって，会社に入っても同じですね」「何かする時に1つ1つ決済を取らないでいいから，挑戦しやすくていい」と笑いながら伝えてくれた。懇談会・保護者会だけでなく，学級通信を使って何度も学級づくりについてお知らせをしてきたので，普段学校に来る機会の少ないお父さんもしっかりと学級づくりのシステムを理解してくれていた。

掃除の活動報告書の表紙

　自分が頑張ってきた内容で多かったのが掃除だった。

　高学年ということもあり，学校のリーダーとして掃除に力を入れてきた。

　やはり，当たり前の話かもしれないが，教師が力を入れてきた内容について児童は頑張ってくれた分，報告文に書いた。

　その力を入れてきたことが何か。どう力を入れてきたか。そのことが保護者に伝わっているのかを考えると，児童の口コミだけでは難しい。こちら側が伝えないと伝わらないところは，学級通信や懇談会・保護者会，個人面談でしっかり伝えていく必要がある。

下校前は楽しく

　児童を嫌な気持ちで下校させないために，下校までの３時間を大切にする。楽しい気持ちで下校ができれば，児童の口コミがプラスの発言になるのではないかと考えた。

　下校前（午後）はできるだけ，眉間にしわを寄せるような厳しい指導は控える。帰りの会で怒鳴っている教師を目にすることがある。１日の疲れが教師も児童も溜まり，帰りの会は子どももだれることがある。教師の理想とかけ離れた姿にイライラしてしまうことがある。そんな時に限って，汚い言葉や怖い表情による威圧的な指導になる。

　もちろん下校前の３時間だろうが，悪いことをした時はしっかりと短い時間で指導はしなくてはならない。

　どんなに美味しい食事を食べて気持ちが良くなっていても，最後のデザートの味が不味いと今までの美味しい料理の味も忘れ，その味だけが残ることを児童に話す。午後の過ごし方が，まさに１日の学校生活の気持ちを左右する。とはいえ，児童は午後にも喧嘩をするし，トラブルも起こす。その時は「お互い気持ち良く，学校生活を送りましょう。終えましょう」と教師が言う。気持ち良く学校生活を送ること，終えることを伝えると，普段「ごめんね」の一言がなかなか言えない児童も「ごめんなさい」を言えたことがあった。

　また，私も「あ〜だ，こ〜だ」言わずに，「午後だぞ」の一言を決め台詞に，こちらの言いたいことを伝えるようにしている。児童も「午後だぞ」の一言に反応して，午後はお互い気持ち良く終えるための時間だと意識し，態度を変え，下校まで頑張っている姿を見せてくれることが多い。

　下校前３時間の指導や過ごし方について児童と共通理解したことで，児童間のトラブルも減った。教師の立ち振る舞いも変わった。楽しかったという気持ちで家に帰すことができた。

　帰りの会で何を行うか。

まさに下校直前の会である。私も昔は，係からの連絡を行っていた。しかし，よくよく考えると，係からの連絡は，係の人が気付いた時に言えばよいのではないかと考えた。

　例えば「給食係からですが，お皿の返し方が汚いので明日はきれいに返してください」と給食係が言うのは，帰りの会ではなく，給食の片付け中に学級に伝え，直せるところはその時に直した方がよい。

　そう指導した結果，帰りの会での係からの連絡はほとんどなくなった。たまに，明日の予定に絡めて連絡をする係はあるが，どれも否定的な発言ではなく，前向きな連絡になった。

　また，帰りの会の準備を早くするために，帰りの会ではダンスや歌，ゲームを行ってから帰るようにしている。そのダンスや遊びは日直が決められる。最初は教師がたくさん遊びを教えてあげ，教室に遊びリストを掲示する。遊びリストの中から日直が今日の遊びを選べるようにする。遊びリストにない遊びでももちろんよい。教師もリストの遊びを少しずつ増やしていき，飽きがこないように準備しておく。

　ダンスも面白い。日直が選んだ音楽を流し，自由に踊るか，誰か代表者が前に出て踊り，その踊りをみんなで真似する。

　みんな早く遊んだり踊ったり，歌ったりしたいから，早く帰りの準備を行うようになる。こちらがとやかく言わなくても帰りの会が早く始まる。

　午前中に嫌なことがあっても午後に気持ちを切り替えて，楽しい気持ちで下校させることが大切である。

日課表の工夫

　疲れてくる午後は，児童にとって人気の教科を行う。

　先程述べたように，下校までの3時間を大切にしたい。そこで，技能教科と呼ばれる，体育科，図画工作科，音楽科，家庭科，総合的な学習の時間などを行うようにする。主要教科である国語科，算数科，理科，社会科は午前中に終わらせておく。また，外国語科や道徳科なども児童に人気の教科だ。

　一言で言うと，椅子に座って進めることが多い教科は午前中に行う。

　一昨年度は5年生だったので，午後は体育科，家庭科，図画工作科，外国語科，総合的な学習の時間，理科（実験）等を行った。

　昨年度は2年生だったので，午後は体育科，図画工作科，音楽科，道徳科，生活科を行った。

　4時間目が終わり，午前中に行った教科の教科書やノートを片付ける時に，児童からの

「終わった～後は午後だ」

と言う声をよく聞いた。すなわち，午後の教科を楽しみにしている様子が見られた。

　また，午前中は頑張るぞといった雰囲気を学級につくる。特に算数科は，児童の好き嫌いに関わらず，できるだけ1，2時間目に行うのが理想である。できるだけ早い時間に行うと，頭も冴えている。児童も元気に授業を受けることできる。どんなに面白い授業でも，段々と疲れが出てくる。特に給食を食べて，外で遊んで，掃除をした後は，眠くもなるし，疲れも出てくる。私たちも一日の研修会に参加した時に，午前中が活動を中心とした講義で，午後は活動の少ない講義ならば，午後に活動を中心とした講義にしてほしいと思う。研修後の満足度もそちらの方が高いのではないか。

定番の学級掲示物からの脱却

学級掲示物の定番

- 各教科の学習の足跡（既習事項）が分かるもの
- 学校便り，学年便り，給食便り，図書便り等の学校側が発行したお便り
- 生徒指導関係の合言葉や月間目標，注意事項リスト
- 避難経路等の安全に関わるもの
- 県や市町村から配付されたポスター
- ３年生以上は習字
- 係や掃除，給食当番の一覧表
- 学校教育目標，学年教育目標，学級教育目標
- 児童の日記や作品
- 校歌
- 一人一人の誕生日が書かれた表
- 日課表
- 日直の仕事（朝の会や帰りに会の流れが書かれた紙）……etc

　広報の視点から考えると，模造紙一枚が限られた貴重なスペースである。教室内の限られた掲示スペースをいかによりよいものにするか。

　掲示スペースで言うと，電車内の吊革広告に対し，企業は高いお金を払ってそのスペースを買っている。いかにその広告に目を向けてもらうか。写真やキャッチコピー等，各社工夫を凝らしている。

　また，ファーストフード店に入ると，店内にポスターが貼ってある。何を食べようか迷う客が注文したくなるようなキャッチコピーや美味しそうな写真，「限定」などの文字が並ぶ。居酒屋も同じである。席に座り，壁を見渡すと，その店の雰囲気や人気商品が一目で分かるようなお店が多い。最近では，パソコンで書かれた文字ではなくあえて手書きで一押し商品が書いてある。

例えば「さんまの塩焼き」とパソコンの文字できれいに書かれたものと，今さっき書きました感のある手書きでは，印象が全く違う。もちろん，捉え方は一人一人の印象で違えども，手書きの方が水揚げされたばかりの新鮮な旬のもののように私は思う。

　しかし，１年中その「さんまの塩焼き」が手書きで書かれていると，何だか季節感もなく，新鮮で旬のもののようには思えなくなってくる。さんまの旬の季節である秋だと，なんだか食べたくなる。

　やはり，季節感の感じられるものは大切である。１年間同じ掲示物には，興味を示さなくなる。

　教師がいくらパソコンできれいに仕上げラミネートをしても，１年間同じ場所に掲示していると誰も見なくなる。１週間，１か月単位で掲示物は見直していくべきである。そして，今何が学級の掲示物に相応しいかを考える。それだけで，教室は楽しい場所となる。また，できるだけ児童と一緒に作ったり，児童同士で作らせたりするようにする。

　絶対になくてはならないものは，避難の仕方の案内図であろう。学校によっては10近くもラミネート加工された掲示物が配布され，学校統一での掲示をお願いされる。やはり，本当に必要な掲示物だけを厳選していくべきではないか。教師は教室掲示物を作って満足していないか。何度も言うが，１年間同じ場所に同じ掲示物が貼られていても，何度もその掲示物を見返す人は少ない。ほぼいない。

　生徒指導の約束であっても，１年間貼っておく必要がどこにあるのか。「〇〇小学校の約束」と書かれた掲示物はどこの学校でも目にする。その中でも，約束が細かく10個以上書かれている掲示物を何度も見かけた。その学校の教師に抜き打ちで「〇〇小学校の約束」について尋ねたら，答えられるのだろうか。大人だって10以上の約束があったら覚えられない。児童だって同じだ。答えられるのだろうか。伝わっていなければ意味がない。浸透していなければ，伝え方を変えなければならない。

　限られた掲示スペースを有効的に使いたいからこそ，学校で統一して１年

間掲示しなくてはならないものを用意する意味を見直したい。

　私は，広報の専門職大学院に入学してからの2年間，どんな掲示物が学級に必要かという視点を持って，町を見渡していた。大学院があった高田馬場でよく行った飲食店の数件は，やはり定期的にポスターを変えていた。

　唯一2年間同じだったのは，インド・ネパール料理のカレー屋さんだ。店内に流れるインド映画もほぼ毎回同じように見えた。

　大手有名チェーン店はどこも季節感があり，期間限定の商品のポスターが多かった。また，キャッチコピーも毎回，面白いものが多かった。もちろんキャッチコピー等はその道のプロが作っている。だからこそ，これからも見続けていきたい。どんな言葉遣い，文字の大きさ，どの文字を使うのか。日本語は，平仮名，片仮名，漢字，アルファベットと文字が多い。平仮名は優しい印象を受けるなど，その文字によっても受け手の印象が変わってくる。

　児童には，教室を自分たちで作ることを提案する。どこに何があったら便利か。今必要な掲示物は何か。

　児童の気が散ってしまう等の理由や特別支援の観点から，前面にはあまり掲示物を貼らない方がよいという考えがあることも伝える。

　掲示係を決めて行うのではなく，一人一人が考え自分たちがよいと思うものをどんどん作らせる。掲示期間も自分たちで決める。最長で1か月とする。

　ここでも，作って満足して終わる流れをつくらないようにする。友達が作った掲示物がどうだったか。学級で取り組むサンキューカードでフィードバックをし合うようにする。

　自分たちでポスター等の掲示物を作ることで，所属感や当事者意識が生まれる。また，友達と一緒に作ることで，仲を深めるチャンスが生まれる。例えば，外遊びよりも教室内に残っていることを好む児童には，掲示物作りを頼む。1人ではなく，数人を巻き込んで作成をお願いする。1人でいる時間が多かった児童が，友達と一緒に何かを作成し合う時間を通して，学校での楽しみが1つでも増えればと考える。

　また，教師のブランドイメージで話したように「〇〇な学級」を常に考え

させているので，それにちなんだポスターがたくさん生まれる。

　既習の学習が書かれた教科の掲示物も大切かもしれないが，児童の写真や長所を書かせた掲示物を常に貼っていくことで，あたたかい雰囲気になるのではないか。

　教室内や廊下の壁をいかに使っていけばよりよいものになるのか。新しい掲示物は，学級通信で紹介する。そして，授業参観や懇談会で保護者にも紹介する。以前，自分の子どもが作った掲示物をカメラで撮って帰る保護者もいた。掲示物も児童が作れば大切な作品なのだ。

手作りの学級ポスター

写真を入れると注目度アップ

　掲示期間を決めることで，次の掲示物の作成が始まる。

　心あたたまるサンキューカードを見つけたら，Ａ３に拡大コピーして貼ってもよい。学級の雰囲気が明るくなることを目指す。

　児童が作ると時間がかかり，後片付けが大変だと耳にしたことがある。時間がかかるからこそ，友達との輪が広がる。休み時間や隙間時間に作ったり，家で作って持ってきたりする。サンキューカードを宿題で出すことがあるが，掲示物も宿題としてやりたい児童には出す。家で作業をすると保護者の目に留まる。

　また，後片付けは元の場所にしまうだけである。整理整頓を指導するよい機会だ。

保護者編

before／after を意識した学級通信

　最初に学級通信を禁止している学校や学年もあると聞いた。禁止している主な理由を２つ聞いたことがある。１つ目は教師の負担軽減，２つ目は発行する学級と発行しない学級差をなくすためだ。

　１つ目の教師の負担軽減の点であるが，保護者とのよりよい人間関係を築くことができるのであれば，発行する負担と保護者からの信用・信頼が生まれることのよさを天秤にかけた時，どちらが業務の負担軽減に繋がるか。

　特に若年層の教師が信用・信頼されるための１つの手段としてかなり有効的であり，何か起こった時の保護者対応を考えれば，学級通信を発行しておくことが負担軽減へと繋がると推測される。

　２つ目として，学級差をなくすことは大切な視点ではあるが，よりよい方向へ足並みを揃えていく雰囲気が学校にあるかないかは大きい。

　発行するのが面倒だと思わずに，発行しておくことで児童も楽しい学校生活になり，保護者も安心して学校へ児童を登校させられるようにしていきたい。

　そこで，よりよい学級通信とは何かを考えていきたい。児童の持ち帰る学級通信が親子のコミュニケーションツールとなるためには，どのような工夫が必要となるのか。保護者とのコミュニケーションが学校からの一方通行ではなく，相互通行になるような工夫や手立てはあるのか。

　「学校と家庭の価値観の共有」と「児童の活躍を紹介」の２つの視点で学級通信を発行した。子どもの写真を使い，コメントは一言添える程度で，誰でも簡単にすぐに作れるようにする。作成の負担を軽減させ，できるだけ発行していく。

本書でも紹介した全国連合小学校長会が述べているように，家庭教育の力，しつけが行き届いていない子がいる。そこの問題意識は，特に学級の荒れが新聞，雑誌等で紹介された2000年前後から言われ始めた。だからこそ，「学校と家庭の価値観の共有」はとても大切になってくる。一人一人の価値観が多様化していく世の中でも「不易流行」という言葉があるように，変わっていくものと変わらないものがある。変わってはいけないものもある。

　学級開きの４，５月は「給食」と「靴箱」を学級通信の柱にする。給食指導はまさにしつけの部分だ。かなり短い給食の時間で指導することが山ほどある。
　だからこそ，ここの価値観や考え方をお互いに共有できるようにする。
・白衣の着方，しまい方
・配膳の仕方
・配膳中の待ち方
・食べ方
・残し方
・片付け方
・歯磨き……etc
　給食の指導時間は１日40分間しかない。毎日少しずつ指導をしていく。学校での指導について文章で伝えるのではなく，「こんなすてき人を発見しました」といった具合で学級の仲間を写真１枚で紹介していく。子どもの生き生きとした表情を写真で伝える。
例：お皿に残食がなく，きれいに食べる。

１日目

　ご飯粒などを残さずにきれいに食べている子を紹介する。１人，もしくは数人の子がお皿を持った写真１枚と，事実だけを書いた一言「お皿に残食なく，きれいに食べた級友を紹介します。」といった内容のＡ４サイズ１枚の

学級通信だ。学級通信を作るのも，慣れてくれば写真を撮り，ワードに貼り付けて一言書くだけなので，10分もあれば終わる。

　文章を書くにあたり，あえて「すごい」「素晴らしい」「最高」等の一言を載せることをやめた。みなさんはどう思うかと子どもに考えさせてから，家に持ち帰らせる。

　「こ〜しなさい」「あ〜しなさい」とならないようにするためにも，あえて事実だけを書くようにした。一見，評価のない文章だけに寂しくも見えるが，学級通信に載せたのだから，それだけでもう十分に私が評価したことになる。

2日目

　1日目の学級通信を配ると，きれいに食べようとする児童が増える。そこで次の日は，時間内にきれいに食べられた子ども10人程度を紹介する。10人程度の子どもがお皿を持った写真と事実だけを一言「食べ終わった後の食器がきれいな人を紹介します。」と添えて，Ａ4サイズ1枚の学級通信を作成する。

3日目以降

　2日目の学級通信を配ると，「私もきれいに食べたよ」とまだ通信に出ていない児童が声をかけてくる等，一人一人がきれいに食べることを意識し始める。1週間かけて，全員がきれいに食べた写真を載せてあげる。

　学級みんなで，きれいに食べた食器を持って集合写真のように撮影する。

　最初は1人か数人を紹介し，最後は全員を巻き込んでいくといった，簡単なストーリーを作る。

　きれいに食べる。当たり前のことかもしれないが，意外とできていない児童がいる。給食指導を特別活動の時間に行うのもよいが，1回の授業よりも多くの人に学級通信を通して評価されていく方が，児童の変容が見られる。また，保護者へしつけについて，懇談会・保護者会，個人面談で伝えることはできるが，しつけといってもたくさんの項目がある。だからこそ，日々の

学級通信を使って，児童のよいところや頑張りを伝えながら，しつけについても保護者と共通の価値を少しでも持てるようにしていく。

　今年の担任は今，何を指導しているのかが見える。この可視化こそが広報の力である。教師と保護者が共に同じ方向を向くことができるようにしていくための学級通信にしていきたい。

きれいに食べ終えたお皿

　写真の使い方としては，Ａ４サイズ１枚に何枚もの写真を貼り付けるのではなく，多くて２枚までとした方がよい。写真の持つ力は文章よりも相手へ伝わることが多い。だからこそ，写真を大きくし，できるだけ写真から色々と伝わるようにする。

前頁の写真は，片付けの写真だ。１人ずつ自分の使った食器を片付けるのではなく，班や近くの仲間で食器を重ねて片付ける。多くの学級で行っていることかもしれないが，これも当たり前と捉えずに，保護者へ片付けも協力して行っていることを写真で紹介する。食器を片付けている友達，食缶を片付けている友達，教室のごみを拾っている友達，歯磨きをしている友達，協力し合うことで時間を有効的に使っていることも紹介する。「誰かが片付けてくれるから私は何もしなくてもよい」ではなく，その分，学級のためにできることを探し，実践している友達も学級通信で紹介する。片付け１つとっても簡単なストーリーで保護者に伝えることができる。

　給食を最初に持ってくる一番の理由は，学校生活において給食程，しつけやマナーが詰まった時間はないからである。箸の持ち方だけでなく，最近ではスプーンも変わった持ち方をする児童がいる。特別な理由を除いて，できるだけ正しい持ち方を幼い頃に習得した方がよい。

　私も箸の使い方がきちんとできずに大人になった１人である。ある食事会で，最近は箸の持ち方が酷いという話になり，その話が私に振られた。「小学校でもどうですか，子どもは箸を正しく使えていますか」と聞かれ，青ざめた。私が使えずに，今に至っていたのだ。私は急遽，スプーンで食べられるオムライスにメニューを変えた。

　それから，正しい箸の使い方の練習を行った。今まで何回か，変な持ち方だと注意はされたものの，別にいいよ，食べることに困るわけでもないからと言い続けてきた。しかし，その食事会が自分の気持ちを変えた。１日でも早く，箸を正しく持ちたい。最初はご飯茶碗１杯食べるのに，10分で食べ終わるところが30分以上かかった。直すのには半年近くかかったが，正しい持ち方ができようになった。

　また，最近はレストランやホテルにはブッフェスタイルのお店が増えた。食べ放題で，大皿に食事が並ぶ。好きなものを好きなだけ食べてよいのだ。そこで気になるのが，食事を多く取りすぎて残している大人がいることだ。それも子連れだ。大量にご飯を残しながら「無理しなくていい」とか「これ

は不味い」などと言いながら食べている家族もいる。もちろん少数ではあるが，目にすることがある。

　学級通信を通して「学校と家庭の価値観の共有」を図っていく。

　私の後ろでたまたま食べていた４人家族（子ども２人）がホテルの朝食バイキングにおいて，まさに大量に食べ残した。たくさんの食事を持ってきて見事に食べ残した。のりの入った袋は束で持ってきて，１つも開けることなく目の前でホテルの従業員によって捨てられた。子ども２人はコーンフレークを一口食べて，パンがいいと言いながらパンを取りに行った。美味しそうにパンを完食し，コーンフレークは全部残した。好きな分だけを食べ，その後はタブレットで映像を見ながら保護者が食べ終わるのを待った。

　一見ごく普通の家族だ。しかし，完全に保護者のマナーが悪い。自分が食べられる量が分からない。もちろん，途中で体調が悪くなる場合もあるが，この家族はソーセージ等を残し，ヨーグルトを数回お替わりしていた。元気そうに話もしていた。

食べ放題での大量の残食

ちなみに，レストランのその場面において，隣の客である私が注意しても意味がないだろう。大人の気持ちを変えるのは，簡単ではない。先程の箸の使い方で話したように，私が実際にそうだったから分かる。また，正論は時として武器になってしまう。相手が怒って終われば意味がない。

　もちろん，多くの家庭がそうではない。しっかり自分がよそった食事を残さずに食べきる。しかし，少なからず残しても何も感じない家庭で育つ子どももいる。

　本学級は，最初に給食当番が全員にできるだけ同じ量で配膳を行う。その後，自分の食べられる量に減らしてもよい。時間内に食べられる量にする。口をつけてからは減らせないので，まずは自分で判断する。減らした後に，もう少し食べられそうであれば，再びお皿に戻すこともできる。

　現在の日本はありがたいことに豊かである。だからこそ，残食をできるだけ出さないでご飯を食べきる教育は大切であると考える。

　できるだけ分かりやすく，しつけやマナーを学級で取り上げていき，学級で楽しく取り組んでいる様子を伝えていく。物事を伝える時には，伝え方が大切である。こうでなければならないと１つの意見を押し付けるかのように発信するのは，炎上のもとである。あくまで，私がよいと思った児童の行いを写真で紹介し，学級に広めていく。少しでも学校での生活を可視化していくことが保護者の安心を生むと考える。その中で，ご意見があれば，苦情ではなく相談という形で話ができれば最高である。

　私が強い口調で「○○でなければならない」「○○なやり方はマナー違反であり，恥じるべき行為である」等の書き方をすれば，受け入れてもらえないこともある。しつけやマナーは必ずしもこうでなければならないというものでもない。だからこそ，伝え方には気を付けていきたい。

　給食の片付けで，班や近くの人とお皿を重ねて片付けをしていることを学級通信で伝えると，それはマナー違反だというご意見を頂いたことがある。食器を重ねて片付けるのは，レストランではマナー違反だということだ。調べると確かに食器を重ねる行為をマナー違反とするお店もあるようだ。

しかし，学校は片付ける時に食器を重ねて片付け，そのまま配膳車に乗せて配膳室に返すので，学校では重ねて手際よく片付けることを推奨しますと答えた。もちろん，納得してくれた。ご意見を頂くことはありがたい。しつけやマナーについて記事にする場合は，なぜそうするのかも児童と共に考えながら発行するようにする。

きれいに並んだ上靴

　上記の給食指導同様に，靴入れが乱れていれば，靴のかかとを揃えて入れている児童を紹介し，次の日には，多くの児童がかかとを揃えたことを紹介する。最後は，学級としてかかとが揃うようになったことを写真で伝えていく。しかし，時が経つとまた，靴入れが乱れてくることがある。それでもかかとを揃えている児童はいる。靴の指導を継続している児童を紹介する。また，すぐに全員のかかとが揃う。1年を通して，指導を継続していくことの大切さも伝えていく。靴のかかとを揃えることが習慣化されれば，修学旅行や宿泊学習での室内スリッパ，校外学習でのトイレのスリッパのかかとを揃えることも，一言事前に確認しておくだけで，当日もしっかり揃える児童が多くなる。そのことも写真で保護者に伝えていく。

　多くの家庭が玄関で脱いだ靴を揃えるようにしつけをしているだろうが，そうでない家庭もあるだろう。学級通信を通して，家庭もしつけを見直すよい機会になるのではないか。また，家でのしつけと学校での日々の指導が同

じだと感じてくれる保護者は，安心して学校に通わせることができると考える。

　そして時々，学級通信は穴埋め方式のものを発行する。何を穴埋めするかというと，何のためにそれを行っているかを一言で児童に書かせ，持ち帰らせる。それにより，児童はただ周りがやっているからやっているという意識ではなくなる。何のために靴のかかとを揃えるのかを自分なりに考えてから行うようになる。また，先程もふれたように，しつけやマナーについては色々と意見が分かれることもある。だからこそ，共に考えながら取り組んでいくことが大切である。

　５年生に靴のかかとを揃えるのは何のためと聞いた。
　・次に靴を履くための，事前の準備をしっかりと行う。
　・物を大切にする。
　・きれいだと心が落ち着く。
　・汚いと心が乱れる。
　・揃っている方がかっこいい。
　・けじめがつく。……etc
　一人一人答えは違えども，自分の答えを家に持ち帰ることで，保護者はその答えを見る。もちろん，正解は１つではない。

　私は，大学時代に相撲部の寮に住んでいた。４畳半４人の狭い空間だ。そこでは，一人一人が整理整頓を行わないと，迷惑になる。狭い靴置き場だからこそ，揃えて置く以外の選択肢がなかった。共同生活を通して，人様に迷惑になることはお互いやらないように心掛けていた。もちろん，家でもしつけとして母親に靴を揃えるように言われ続けたが，習慣化すると靴が揃っていないことに違和感を覚えるようになる。

　近所のスポーツジムのトイレのスリッパが毎回揃っていない。毎回，使った時は全部のスリッパを直すようにしている。向きが揃っていれば，次に使う人が使いやすい。

ちなみに，よく行く神社のトイレのスリッパは毎回揃っている。誰かが揃えているのか，神社だからトイレを使う人も，「お天道様が見ている」の言葉ではないが，誰もいなくても自分から進んで揃えるのか。どちらにしても，気持ち良く学校生活を送れるのはどちらかを考えさせるような話を学級通信で紹介していく。

　学級通信を使って，学校で指導している一部を見ることができるようにしたことで，家でもかかとを揃えるようになったことを保護者が教えてくれた。

　また，行事や普段の授業の様子も写真で伝えていった。児童の笑顔や真剣な眼差しを写真で紹介することで，保護者からも喜びの声を個人面談で頂いた。学級通信においては，登場回数に多少のばらつきがあることも事前に懇談会・保護者会で伝えておいた。

　他にも学級通信で紹介するものとして，
・廊下歩行が上手な人
・教室に落ちているごみに気が付き拾って捨てる人
・掃除がうまい人
・気持ちの良い挨拶（返事）が自らできる人
・言葉遣いがきれいな人
・「ありがとう」「お願いします」等，その場に応じた言葉が言える人
・自分の身の回り（引き出しの中，筆箱の中等）が整っている人
・物を大切にしている人
・友達を大切にしている人……etc
　上記以外にもよい行いや行動をどんどん紹介していく。発行する頻度は，無理なく発行できる程度だ。しかし，2日に1回以上は出したい。特に春から夏までの間は毎日と言ってよいほど出していきたい。学級通信を出す目的の1つとして「学校と家庭の価値観の共有」が第一に挙げられるからだ。

　教師が何を思い，どんな教育活動を行っているのかを保護者へと伝わるようにしたい。

やる気を生み出す「名前・言い方を変える」

　名前を変えるだけで，児童のやる気が生まれ，よい口コミが広がる。

　「霊園」のことを近年「メモリアルパーク」と呼ぶことがある。これは従来あったイメージを変化させ，お化けが出る怖い場所から明るい場所へとイメージを変えている。名前を変えるだけで，既存のイメージが変わる。

　「教室掃除」ではなく，学級をつくる人として「学級プロデューサー」と呼んだり，「クリーン特戦隊」と遊び心のある名前にしたりする。他にも「伝説の教室掃除」「究極の教室掃除」等の言葉をつけることで，「今から掃除を始めます」ではなく，「今から伝説をつくります」とリーダーの挨拶が変わる。

　また，教室掃除での合言葉を考えさせる。机・椅子運びを「ツーちゃん」と呼ぶと決めると，リーダーが「ツーちゃん」と言うと周りの仲間が机や椅子を運び始める。

　「給食当番」ではなく，「配膳の鉄人」や「ランチクルー」「チョッパヤ（超早い配膳をする当番）」等，これも自分たちの目指すものや遊び心で名前を変える。牛乳を配る際も「キンキンに冷えた生入ります」と居酒屋風に言うだけで，楽しい雰囲気となる。

　日直の挨拶も「1時間目を始めます。礼。お願いします」ではなく，前向きな一言「わくわくする算数を始めます。礼。わくわくしています」というだけで，やる気が変わる。

　1年間ダラダラ行うと飽きてくるので，月曜日だけとか，この週だけでとか期間限定で行った方がよい。その日に日直になった人だけが言える。

　教室を出る時は「行ってきます」帰ってくるときは「ただいま」と言うだけでも，教室内で挨拶が飛び交う。もちろん，挨拶を行うように指導する。遊び心を持って行うのであれば，みんなで楽しくやっていくことを確認する。学級への所属感も湧いてくる。なによりも楽しいとつい誰かに話したくなる。また，自分が決めた名前をみんなが使うのも児童は嬉しい。

口コミ力を生かした「兄弟姉妹への声かけ」

兄弟，姉妹が校内にいる場合は，廊下やグラウンドですれ違った際に必ず声をかけるようにする。その際，今自分が受け持つ兄弟，姉妹のよいところや今日の頑張りを簡単に伝える。その時に周りにいる友達にも聞こえるように話す。

家に帰ってから，お兄ちゃんだけでなく家族にも「今日お兄ちゃんの先生が発表をよく頑張っている」って褒めていたことを話す可能性がある。これは，よい口コミだ。人からよい話を聞くと嬉しい。逆に悪い話を聞くとがっかりする。

よいことを言われて嫌な気持ちになる人はいない。

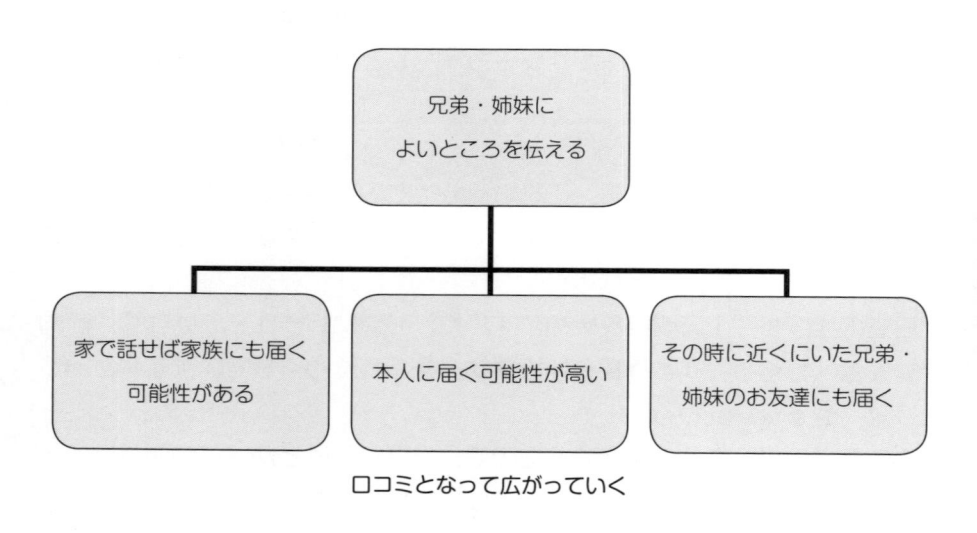

口コミとなって広がっていく

直接出会える「懇談会・保護者会」

　直接会える大切な会である。授業参観の授業準備を頑張っている教師は多いが，懇談会・保護者会の準備にどれだけ力を入れているだろうか。学年主任が事前に作ってくれた紙1枚を頼りに，連絡事項だけを伝えればよいと思っている教師はいないだろうか。「115人保護者アンケート」で，「今までに参加して良かった懇談会・保護者会はどのような内容でしたか。」「今までに参加して良くなかった懇談会・保護者会はどのような内容でしたか。」を複数回答可として自由記述にて具体的にどんなものだったかを聞いた。

〈参加してよかった〉
・授業の様子を<u>ビデオに撮って見せて</u>くれた。
・授業や行事の様子を<u>スライド</u>で伝えた。
・<u>学年末に1年間のスライド</u>を作ってくれたこと。
・<u>我が子の良いところを発表</u>し，それに対して先生が一人一人にコメントをしてくれた。
・グループで悩み相談の時間を作ってくれたので，<u>普段会話したことのない親ともコミュニケーション</u>がとれた。
・<u>話す時間</u>があり，雑談形式が良かった。
・<u>親同士の自己紹介と我が子の様子</u>を和やかに話す。
・<u>先生個人の教育指導方針</u>をきちんと伝えてくれた。
・先生が<u>子供に対して，どのように接するか</u>を聞いた時。
・<u>今と昔の指導法の違い</u>を教えてもらった。
・<u>家庭で協力して欲しいことを具体的</u>に話してくれた。
・<u>宿題などで悩みはないか</u>を聞いてくれた。
・<u>学年の特徴（児童の成長）</u>を話してくれた。2年生ならこんなことが起こりやすい。
・<u>行事で必要な連絡</u>をしてもらえる。

・<u>机上に子供の名前プレート</u>があり，誰の保護者かが分かって良かった。

　参加してよかったと述べた保護者に一番多かったのが，写真や映像を使って児童の普段の様子を見られたことであった。参加しないと見られないという点から参加してよかったと思える。また，教師から話を聞くよりも，実際に写真や映像を見ることで，どんな表情で何をしているのかが分かりやすく，保護者の満足度は上がる。

〈参加してよくなかった〉
・<u>たんたんと資料を読んでいる</u>だけ。
・参加しても<u>参加しなくても情報量が一緒</u>。
・<u>連絡事項</u>のみ。
・<u>紙面を読み上げる</u>だけ。
・学級の内容ではなく，<u>学年の内容が多く，学級の様子が分からなかった</u>。
・<u>ネガティブな話</u>。
・<u>意味のない話</u>が長すぎる。
・<u>教師の反省から始まり</u>，良く分からなかった。
・<u>保護者からのクレーム</u>ばかり。
・<u>短時間</u>で終わった。
・<u>保護者からの一言コメントが一人一人長い</u>。
・<u>保護者一人一人の自己紹介</u>。
・<u>保護者内でレク（ゲーム）</u>をさせられた。

　参加してよくなかったと述べた保護者に一番多かったのが，事前に用意された，学年で統一した紙を読むだけの，参加してもしなくてもあまり変わらないと感じさせるものだった。
　意見が割れたのは，保護者同士のコミュニケーションの時間をとるものとなった。保護者が一人一人自己紹介したり，アイスブレイクを含んだ簡単な

レク（ゲーム）をしたりすることを嫌だと感じる保護者も少なからずいることが分かった。一方でよかったと述べている保護者もいた。ここについては，やり方や内容によると考える。

　「115人保護者アンケート」で次に「保護者の視点で，懇談会がよくなるための知恵や工夫」を複数回答可として自由記述にて具体的にどのようなものがあるか聞いた。

- **写真や映像**の利用。
- 時間を作っていく甲斐のあるものにするために，**写真やスライド，掲示物**があった方が良い。
- **子供の作品や学習のワークシート**を見せてもらいたい。
- 高学年になると，子供が話してくれなくなるので，**学校での子供の別の顔**が知りたい。
- 保護者間の関係も希薄なので，**アイスブレーキングなどを有効的に取り入れて，アットホームで笑い**のある，保護者間の交流が深まる内容であって欲しい。
- **保護者同士の会話**があった方が良い。
- **全員の意見交換**を行う。
- **受け身にならないようにディスカッション**やその年齢にある同じ悩みを出し合い，話し合いをして欲しい。
- 保護者が**リフレーミングしてフォロー**し合えるようにしたい。
- 教師と保護者の**双方向の意見交換**などがあると良い。
- **事前にアンケートを取り，話す内容を保護者のニーズ**に合わせる。
- **保護者共通の悩み**を話し合いたい。
- 高学年になると，保護者の参加が少なくなるので，**事前に懇談会の内容を伝えたり，取り上げて欲しい内容を保護者に知らせたり**する。
- 保護者同士の話し合いで，**教師が教育者の視点で助言**をしてくれると保護者同士の雑談にならない。

・**話が分かりやすい。**

・**質問がしやすい雰囲気。**

・**明るい雰囲気づくり。**

　懇談会・保護者会では，できるだけ児童の様子が分かるものを用意するとよいことが分かる。また，少数ではあったが，保護者からの「教師の専門性を発揮して欲しい」という意見に注目した。

　教師という職業は「師」という言葉がつく職業だ。「師」のつく職業には，美容師，理容師，調理師，牧師，教師，猟師，漁師，造園師，庭師，きき酒師，ひな鑑別師，裁縫師，彫師，彫金師，仏師，漫才師，手品師，腹話術師，奇術師，医師，歯科医師，看護師，助産師，薬剤師，放射線技師，鍼灸師，整体師，柔道整復師，マッサージ師などがある。

　「師」のつく職業は全て高度な専門性が求められる。また，免許がなければ仕事ができないものが多い。教師も教員免許がなければ教壇に立つことはできない。教員免許は簡単に取得することはできない。短大，大学で教職課程の単位を取得し，小学校の現場で4週間の教育実習を行う。また，社会福祉施設や特別支援学校などにおいて，7日間の介護等の体験も行う。免許取得後，教師としての仕事を続けていても，10年に1度，免許更新制度がある。大学等の教育機関で講習を受け，教師としての専門性を高めなくてはならない。だからこそ，教師として，保護者の求めている情報や手法を伝えていく必要がある。また，それを保護者も求めている。

　懇談会・保護者会での落とし穴は，現場にいる教師は他の教師の懇談会・保護者会を実際に見る機会がほぼないことだ。学校内で，同じ時間で一斉に行われる懇談会・保護者会を教師同士が見合い，評価し合うことはない。自分が親となり，保護者の立場になって参加するか，管理職になってから自校の教室を参観する機会がなければ，同僚の懇談会でのプレゼンを見る機会はない。懇談会・保護者会のプレゼンスキルを学ぶ場所はほぼない。自ら本や雑誌などを読んだり，自主的な勉強会を開き，懇談会・保護者会の流し方を

学んだりするしかない。

　多くの場合が，学年主任が話す内容を紙にまとめ，それを配付し順番に読んでいく。来られなかった保護者もその紙を見れば，懇談会・保護者会の内容をカバーできるようになっている。高学年になると出席率が下がるのは，保護者が出ても出なくても何も変わらないと思うからではないか。

　しかし，一方で，年間計画ですでに懇談会・保護者会の予定は年度当初に出ているので，わざわざ仕事を休んで参加されている保護者も少なくない。来ても来なくても同じと思わせるような中身の懇談会・保護者会では，せっかく会って直接話ができるチャンスを台無しにしている。単にその紙を読んで終わる懇談会・保護者会は，保護者の求めていないものとなる。私の経験上では，懇談会・保護者会は毎年３回行う。保護者にとって有益な情報とは何か。

　２つのポイントで会を構成した。

　１つ目は，写真や動画で普段の様子を簡単に見せる。事前のアンケートでも分かるように，保護者としてはいくら口で「楽しく学んでいます」と言われても，児童の笑顔の画像や仲間と切磋琢磨している動画を見た方が普段の学校生活をイメージしやすい。

　国語科において「音読を頑張っていますよ。息が合ってきました。登場人物の心情を読み取って読むことができました」と言うよりも，実際に音読をしている動画を見せるだけで，児童が頑張っていることが伝わる。表情を見れば，保護者なら自分の子の頑張りは伝わる。家庭では見ることができない様子を保護者は見られるかもしれない。参加している保護者が映像を見ている時は，あたたかい雰囲気が生まれる。

　学校での生活を実際に映像で見て，涙を流している保護者もいた。私がいくら熱く語っても涙を流す保護者はまずいないだろう。映像の力は凄い。

　教師は，短い時間で学級の様子を伝えるには，どの画像や動画を使えばよいかを考えることが重要だ。児童編で書いた１人10秒程度のビデオレターは全員が登場するので流す。また，授業参観で見られない学校生活を中心に流す。

その他に

・休み時間　　・掃除　　・給食　　・朝の会，帰りの会

・学級づくり（係の時間）　　・体育などの技能教科　等がある。

　保護者が「来てよかった」と思う映像を撮っておく。

　２つ目は，専門的な最新の知識を入れ込みながら，年間を通して具体的な学級が目指すべき姿を話す。

　２年生では，４月は２年生特有の問題や，これから予想されること，保護者の協力の重要性について話した。頷きながらよく聞いてくれた。

　学年特有の問題については，具体的にこうしてできるだけ未然に防いでいきたい。しかし，その方法でも100%防ぐことはできない。だからこそ，保護者との連携が必要になってくる。

　そこで，具体的にどう連携していくかを話す。

　連絡帳は文字が残り，他の児童も見ることがあるので，マイナスなことはできるだけ書かない。教師の悪口は児童の前では言わない。教師も児童の前で保護者の悪口を言わない。他にも，必ずお互いを攻め合わずに，話し合いで解決していきたいことを伝える。

　10月は，４月に話したことがどうなのか現状の学級と照らし合わせて話す。また，現在の長所と短所を紹介し，長所を伸ばすために，次に行うことを具体的に話す。また，短所についても作戦を具体的に話し，安心感を与える。

　具体的な作戦，方法を話すことが大切だ。病院で言えば，薬の処方箋が必要だ。「高熱ですね。咳も出ていますね」と医者に言われただけで家に帰らされたら，「そんなこと誰だってわかってるわぁ」と言いたくなってしまう。「高熱だからこの薬で対処しましょう。しかし，２日経っても熱が下がらなければ，再度受診をお願いします」と言われれば安心する。とりあえず，２日間は様子を見ようと思える。それで熱が下がれば「ありがとうございました」という気持ちに変わる。

　学級全体に関わることは，懇談会・保護者会で話し，個人的な内容であれば教育相談日や個人面談等を使って話していきたい。

アンケートを生かす「個人面談」

懇談会・保護者会の後にアンケートを書いてもらい，個人面談で特に聞きたいことや話したいことの簡単な調査を行う。

個人面談で特に聞きたいことに〇をつけてもらう。

・テストや成績について　　　　　・友達について

・頑張っていることについて　　　・苦手なことについて

・宿題や提出物，忘れ物について　・授業中の様子

・その他（　　　　　　　　　）

10分という短い時間で行うことが多い個人面談は，話をまとめておく必要がある。また，懇談会・保護者会後のアンケートで丸をつけたところから話を始めることで，教師が児童一人一人をしっかりと見てくれているという感覚を与える。こちらも何を話せばよいか的が絞られているので，話しやすくなる。

また，児童には振り返りシートを事前に書かせ，紙を見せながら話を進める。児童が書いた紙をもとにして話をするので，子どもと教師の言っていることにズレが出ない。上記の項目の中で9割以上の保護者が丸をつけたのが，「友達について」だ。だからこそ，児童の振り返りシートでは，男女共に，3人以上の名前を書けるようにする。

個人面談の1週間前にこの振り返りシートを行い，もし友達の名前が書けない児童がいれば，他の児童がその子の名前を書いていないかを確認し，書いてもらっていることを伝える。

しかし，サンキューカードに毎日取り組むことで，友達の名前をたくさん書けるようになる。いきなり友達の名前を書けと言われてもなかなか書きにくいが，手紙のやりとりを毎日行ったこともあり，2年生でも友達の名前を全員3人以上書けた。

例：児童の振り返りシート

	自己評価 （◎○△×）	一言コメント
挨拶		
返事		
後片付け		
掃除		
係活動		
給食当番		
頑張った教科	教科名記入	
楽しかった教科	教科名記入	
行事1 音楽発表会		
行事2 マラソン大会		
行事3 校外学習		
昼休み 誰と何をした		
仲のよい友達	男子	
	女子	
最後に一言		

　また，個人面談の終わりに，保護者全員に学級へメッセージを書いてもらう。模造紙1枚に10名程度の大きさで絵でも熱い思いでも自由とする。こんな学級をつくってほしいという保護者の願いを後日，児童に見せて伝える。保護者もメッセージを書くことで，学級の一員であり一緒に学級をつくっていく雰囲気が生まれた。面談の時間に書くのが難しければ，廊下に紙とペンを置いておき，面談前の待ち時間や終わった後の時間を利用する。

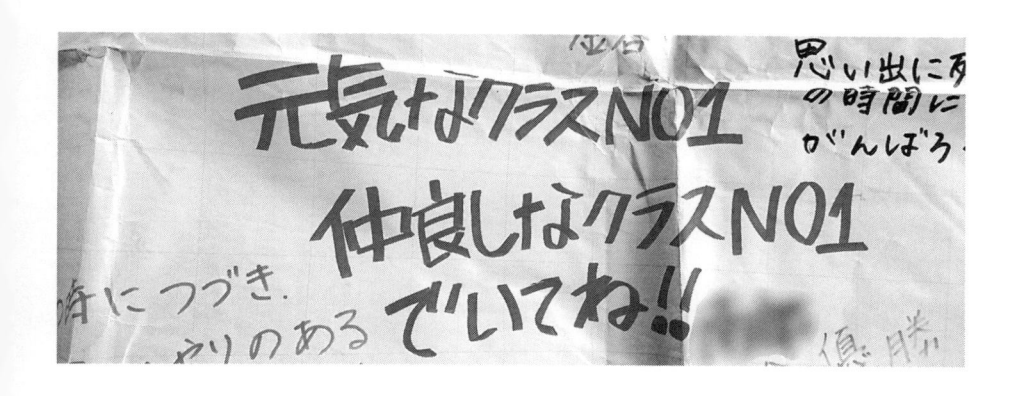

保護者が書いてくれた学級へのメッセージ

見せ方あれこれ「授業参観」

　「115人保護者アンケート」で「授業参観で見たい教科」を聞いた。1年間で参観したい教科を3教科選んでもらった。

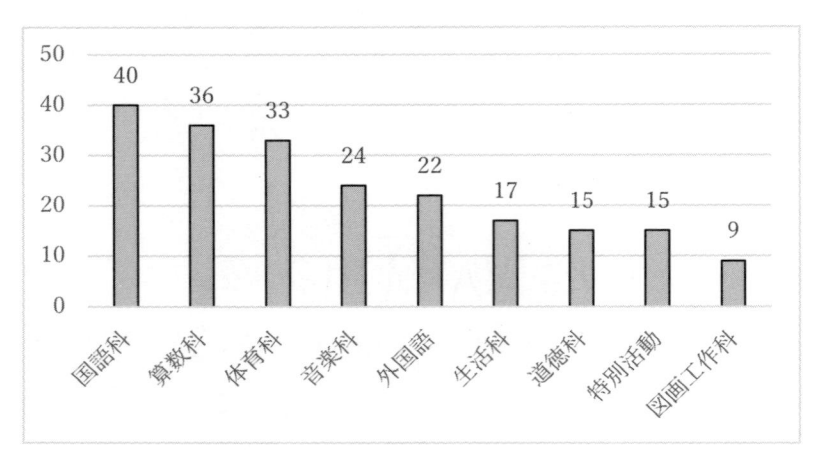

1／2年授業参観で見たい教科

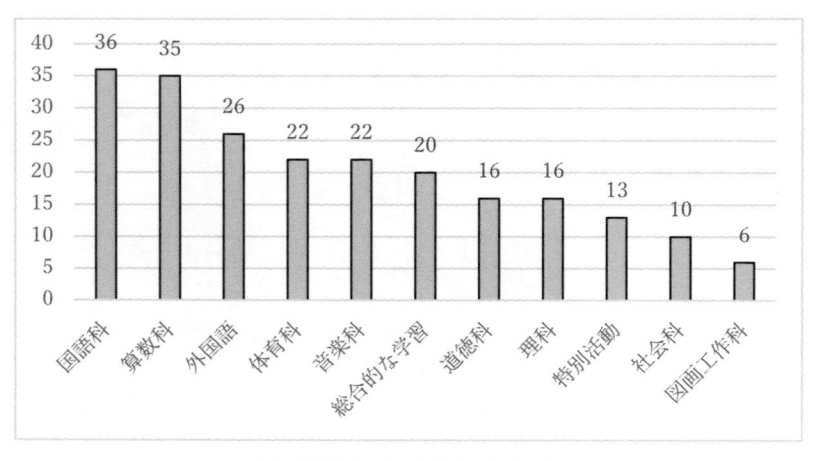

3／4年授業参観で見たい教科

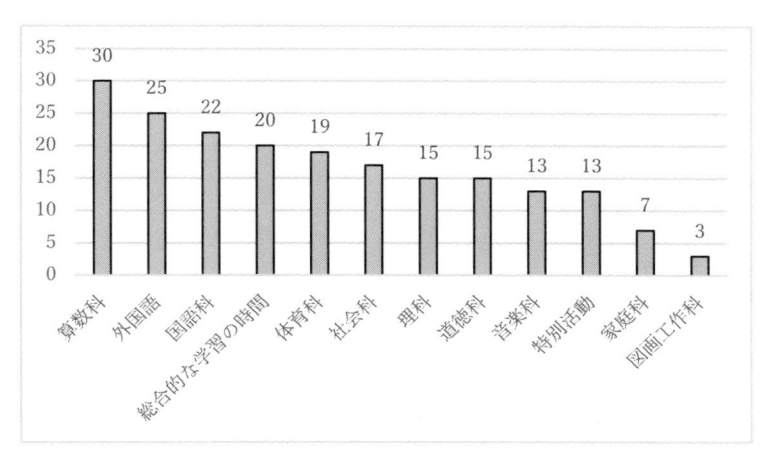

５／６年授業参観で見たい教科

　１，２，３，４年生までは，基礎学力の定着の様子を見たいのか，国語科と算数科が１，２位を独占している。３年生以上は新しく教科になった外国語（英語）の授業にも興味を示している。外国語（英語）は１／２年生には５番目だったが，３／４年生では３番目に上がり，５／６年生では国語科よりも上位の２番目にきていている。

　いじめ等への取り組みを保護者へアピールするためにも，年に数回しかない授業参観で必ず１回は道徳科か特別活動において人権の授業をするという縛りを設けている学校は多い。しかし，ここ数年でその取り組みが積極的に行われてきた影響からか，保護者の道徳科への関心度は高くないことが分かった。

　５／６年生での総合的な学習の時間の関心度の高さに驚いた。総合的な学習の時間は，現在大幅に授業時間数が削減されている教科だ。自ら課題を見つけ，その問題を解決する力を養う教科である総合的な学習の時間を保護者は見てみたいと言っていることが分かった。通知表には評価が書かれているが，多くの保護者が評価に至るまでの姿を見たいのかと思う。体育科は全学年において参観したい教科の１つであることも分かった。

保護者の中には，「学習発表会という行事ではなく，普段の授業が見たい。練習を重ねた上手な発表を順番に先生が言わせていく形式のものはあまり見ても意味がない。いつもどのように授業を聞いているのか。先生や友達とどんなやりとりをしているのか見たい。」という意見をアンケートの空いたスペースに書いてくれた方もいた。

　まず，授業参観は誰に向けて行うのかを考えてほしい。もちろん，教室にいる児童のために授業は行うのだが，教室内にいる保護者に向けても授業を行っているのだ。だからこそ，いつもの授業ではダメだ。児童だけでなく，保護者が来てよかったと思える授業を展開する。

　保護者が，45分間を短く感じたと思ってもらえる授業が望ましい。

　4月の1回目は，今年の担任の先生はどんな人だろうという目で保護者が見に来る。

・どんな学級をつくりたいか，教師の思いが伝わる授業

　例：特別活動（サンキューカードを書いてみよう）

　これから1年間サンキューカードの活動を行うにあたり，なぜこの活動を行うのか。友達のよいところに気が付ける児童を増やしたい教師の思いを児童と保護者に伝える授業。

・保護者も頷く授業

　例：理科（空気の学習で真空ポンプの授業）

　土作彰先生（奈良県）から学んだ授業だ。考え，予想し，実験を楽しむ。児童も保護者も「へぇー」とつい声を出してしまう授業。

　年に数回しか会わない保護者に直接会える機会だ。保護者は基本的には我が子を見に来ているが，4月はまだ子ども同士も緊張しているため，班活動等を行わずに教師主導で行う。第一印象は大切である。今年の先生は「優しそう」「面白そう」など自分がどう思われたいかを考え，自分の身の丈に合

った授業を行う。面白い授業については，多くの先生方が本等で紹介しているので，是非自分に合った授業を探してほしい。

　10月の2回目は，友達との様子が伝わるように，班活動を多く取り入れた授業を展開する。友達同士の関係性，みんなと仲良く話し合い活動ができているかを見てもらう。班長として活躍する児童もいれば，友達の意見や考えを肯定的に捉え，前向きな言葉を投げかけている児童もいる。一人一人に役割があり，どの子も活動を通して輝けるようにする。最後に，共に学んだ仲間にサンキューカードを書き合い，その内容を簡単に発表し合い，あたたかい雰囲気で授業を終えるようにする。

・友達と答えを考え合う授業
　例：理科（てこの原理）
　支点と力点の関係を考え，色々と実験をしながら答えを探していく授業。
　　一部の児童だけが手を挙げて発表し，答えを出していく授業ではなく，一人一人が発言し，友達を尊重し合っている姿が見られる45分間にしたい。

　教師主導で行った1回目，児童の関わり合いを大切にした2回目，3回目は，保護者も巻き込む授業を行う。保護者も一緒に作業を行う。ただ見ているだけでなく，一緒になってカルタをしたり拍手をしたり，時には発表したりする授業を行い，明るい雰囲気で1年を終える。体育科はケガの恐れがあるが，軽度の運動であれば一緒に行うのもよい。

・保護者参加型の授業
　例：総合的な学習の時間（6年生として最後に学校に恩返しをする）
　恩返しの内容を決める際に，美化活動を行う「美化党」や下級生に外遊びを教える「休み時間大好き党」等の政党を立ち上げ，各政党が簡単な演説を行い，その後選挙を行い決定する。保護者にも投票用紙が配られ，1票投じてもらう。

楽しみになる「通知表」

通知表は保護者も楽しみしている。だからこそ，誰でも当てはまるような文章ではなく，具体的なエピソードを入れた所見を書く。

しかし，口では簡単に言えるが，日々の業務に追われ，一人一人の活躍を忘れ，通知表を書く前に何を書こうか悩んでいる教師も多い。

そこで，一人一人のよさを書ける通知表にするために気を付ける３つの点を紹介する。私もなんとなく，いつも同じような内容の所見になっていたが，その児童のよい姿を通知表で紹介できるようになった。

◆１つ目：付箋の活用

一人一人の輝いている姿が見られた場合，その場で忘れないように付箋に書き，ノートか机上に貼りまとめておく。特に授業中以外の休み時間や給食，掃除の時間に付箋を書くようにする。

◆２つ目：学級通信の活用

学級通信をとっておき，そこで紹介したことを書く。事実として，すでに保護者も知っている内容ではあるが，本当に素晴らしかったことを渡す時に再度一言添えてあげる。

◆３つ目：サンキューカードの活用

友達は教師以上にその子を見ていることもある。友達同士で書き合ったサンキューカードを見ると，班での学習の時に言った児童の発言が書いてあることがる。教師はその発言に気が付いてないことがある。そのカードを書いた児童と書いてもらった児童からすぐに話を聞き，事実を確認する。そして，そのカードを写真で撮るか，コピーさせてもらう。

COLUMN　広報と広告の違い

　広報と広告の違いを一言で言うと「お金をかけたか，かけていないか」だ。
　例えば，雑誌にお金を支払って商品を載せてもらえば，それは広告だ。逆に出版社がその商品を，お金を払わずに記事にしてくれれば広報だ。
　新聞，雑誌，テレビが自社の商品を取り上げてくれるように，プレスリリースを書くなどして注目されるように世の中とコミュニケーションをとっていくことが広報の仕事の１つだ。
　どうやったら記事になるかを考え，工夫をしている。新商品が出た際に，広告費を使ってどんどんメディアに露出するのも大切だが，それではお金がかかる。そして，お金をかけた分だけその商品が売れる保証はない。
　広報戦略により，誰かがその商品のよさを広めてくれれば，その商品は勝手にどんどん売れるかもしれない。
　公立学校はまさに広告ではなく，広報なのだ。自分のよさを，人から人へとどうやったら広まり，それが浸透していくのか。何もしなければ，何も起こらない。しっかりとターゲットを決めて，広報戦略を立て，実践していく。
　「私の授業面白いですよ」「私は子どもに優しいですよ」と言い歩いても，それを聞いた人々は気持ちが悪くなるだろう。「そんなに面白くないし」「この前，怒鳴って指導してたし」と言い返したくなる。
　「私いいですよ」アピールは人を不愉快にする可能性もある。
　相手が「面白い」や「優しい」と評価するわけで，「面白い」や「優しい」と思われるためには何をしなくてはいけないかを考えるのが，広報の楽しさだ。

おわりに

　これからも教師自身が保護者に見せ方を工夫する必要がある。そのためには，自分の強みを知り，授業参観や懇談会・保護者会を保護者との信頼関係を構築するためのプレゼンテーションと自覚することが不可欠である。そのために，教師のプレゼンテーション能力を高める必要もある。「話さなくても分かる」「一生懸命やれば伝わる」は通用しないことを常に頭に入れて学校生活を送る必要がある。保護者対応を適切に行うためには，教師自身が自分でレピュテーションをマネジメントする気概を持ち，見せ方を工夫することが必須だ。

　最後に，私に訪れた５つの変化を紹介する。

　広報の学びを生かした学級づくりにより，以下の５つの変化が見られた。

> ・児童から学校が楽しいという声が増えた。
> ・学校が楽しいという児童の声を保護者から聞く機会が増えた。
> ・保護者からの苦情が減り，相談が増えた。
> ・協力してくれる保護者が増えた。
> ・教師という職業がもっと楽しくなった。

　保護者とのよりよい関係を築きたく始めた広報の実践は，結果的に児童の笑顔を増やすことに繋がった。そして，自分自身の毎日の学校生活が楽しくなったのだ。私も笑顔の日が増えた。

　人からどう見られたいかを考えて行動したり，頑張っている児童や笑顔の児童の写真を撮り，家庭に学級通信で届けたりすることで，学級に自然と笑顔が増えた。単純なことかもしれないが，今回の大学院での学びは，教師を目指した出発点に戻ったような気がした。

　どうしても，20，30代では，ベテランの先生方と比べると授業も生徒指導もうまくなく，こちらの求める児童像と学級の児童が描くものが違い，その

差に対して怒るような指導をしてしまいがちだ。どう見られたいなどと考えることもなく，自分が今思い描く学級にしなくてはという身勝手な思いだけが先行して学級づくりをしてしまうことがある。

　教師という仕事は，人を育てる仕事だ。自分自身がお手本となって児童の前に立たなくてはならない。1年も一緒に朝から夕方までいると，その担任に似てくるなんていう話をよく聞くが，まさに担任の立ち振る舞いが大切になる。

　保護者も自分の子どもの幸せを願い，毎日学校へと送り出している。学校に送り出した後の生活は，なかなか見ることができない。これからもできるだけ，子どもの姿を可視化し，見える形で保護者に伝えていき，少しでも不安なく，学校に送り出せるようにしていきたい。

　最後に，私に広報の基礎から応用までを教えて頂いた大学院の先生方やアンケートに協力頂いた教師や保護者の皆様，本書を出版して頂いた明治図書様に感謝の気持ちを込めて一言述べさせて頂きます。
　「ありがとうございました。」

> 　本来であれば，これだけ悩んでいる教師がいることから，教師になる前や若年層の先生方の研修で，もっと保護者対応についての学びの機会があってもよいと感じています。自分自身もどうしてよいか分からない場面に何度か出くわしました。今の知識があれば対応できたことばかりです。本書は，一人でも多くの教師の参考になればと考え執筆しました。本当に多くの皆様のご協力とお力添えで1冊にまとまりました。ありがとうございました。これからも末永いお付き合いの程，宜しくお願い致します。

河邊　昌之

参考・引用文献

- 小野田正利（2008）『親はモンスターじゃない！』（学事出版）
- 株式会社電通パブリックリレーションズ（2016）『成功17事例で学ぶ　自治体PR戦略―情報発信でまちは変わる』
- 齋藤　浩（2010）「『モンスターペアレント』の対応策に関するパラダイム転換」佛教大学教育学部学会紀要　第9号，111-122
- 全国連合小学校長会（2005）「小学校段階における教育目標の明確化等についての意見」
- 善明宣夫（2005）「教師のバーンアウト」関西学院大学教職教育研究10，15-22
- 千葉県子どもと親のサポートセンター（2015）「『若い先生のための学級づくりハンドブック』の活用〜教育相談の視点でアプローチする学級づくり〜」研究報告第13号，2-3
- 内閣府（2009）「学校教育に関する保護者アンケート」
- 藤倉淳子（2011）「学校現場における教師の保護者への対応力向上のための研究」
- 藤本浩行（2012）『信頼を勝ち取る「保護者対応」』（明治図書）
- Benesse 教育研究開発センター（2007）「教員勤務実態調査」
- 文部科学省（2015）「公立学校教職員の人事行政状況調査」
- 文部科学省（2016）「学校評価ガイドライン（平成28年改訂）」
- 文部科学省初等中等教育局児童生徒課（2011−2017）「児童生徒の問題行動・不登校等生徒指導上の諸課題に関する調査結果について」文部科学省
- 文部科学省初等中等教育局特別支援教育課（2012）「通常の学級に在籍する発達障害の可能性のある特別な教育的支援を必要とする児童生徒に関する調査結果について」文部科学省
- 米澤基宏・尾﨑啓子（2012）「保護者と教師間の信頼関係構築に向けた成功プロセスモデル」埼玉大学教育学部附属教育実践総合センター紀要　No.11，9-15
- 読売新聞　平成30年12月26日朝刊27面

（＊50音順）

【著者紹介】

河邊　昌之（かわべ　まさゆき）

千葉県船橋市立南本町小学校教諭
昭和54年８月31日生まれ　相撲四段　柔道初段　剣道１級
関東第一高等学校卒業
日本体育大学体育学部武道学科相撲専攻卒業
社会情報大学院大学広報・情報研究科

【教育実践論文】

第48回わたしの教育記録「新採・新人賞」
第51回わたしの教育記録「特別賞」
主催／一般財団法人日本児童教育振興財団
後援／小学館・教育技術研究所

【著書】

『「ありがとう！」があふれる幸せなクラスづくり大作戦』（明治図書）

【分担執筆】

『教える 繋げる 育てる 授業がクラスを変える！学級づくりの３Ｄ理論』
『THE ミニネタ力』
『小学校　学級開き大事典　中学年』
『１年間まるっとおまかせ！小５担任のための学級経営大事典』
『１年間まるっとおまかせ！小６担任のための学級経営大事典』
（以上，明治図書）
『教師を100倍楽しむ方法』（日本標準）

学級経営サポートBOOKS

保護者をうならす学級プロモーション大作戦
苦情が相談にかわる保護者対応の極意

2019年11月初版第１刷刊　©著　者　河　邊　昌　之
　　　　　　　　　　　発行者　藤　原　光　政
　　　　　　　　　　　発行所　明治図書出版株式会社
　　　　　　　　　　　http://www.meijitosho.co.jp
　　　　　　　（企画）佐藤智恵（校正）粟飯原淳美
　　　　　〒114-0023　東京都北区滝野川7-46-1
　　　　　振替00160-5-151318　電話03（5907）6703
　　　　　　　　　　ご注文窓口　電話03（5907）6668

＊検印省略　　　　　　　組版所 株 式 会 社 カ シ ヨ

Printed in Japan　　　　ISBN978-4-18-302816-7

もれなくクーポンがもらえる！読者アンケートはこちらから →